Legends from Latin America

◆

Leyendas de Latinoamérica

Bilingual Edition   *Edición bilingüe*

Genevieve Barlow

National Textbook Company
a division of *NTC Publishing Group* • Lincolnwood, Illinois USA

Illustrated by Robert Borja and Juliá Scharf

Published by National Textbook Company, a division of NTC Publishing Group.
© 1995 by NTC Publishing Group, 4255 West Touhy Avenue,
Lincolnwood (Chicago), Illinois 60646-1975 U.S.A.
Manufactured in the United States of America.
4 5 6 7 8 9 ML 9 8 7 6 5 4 3 2 1

Legends from Latin America

Contents

Preface

This bilingual edition of *Legends from Latin America* explores the rich folk legacy of Spanish-speaking Latin America. The sixteen legends in this collection span 2,000 years, and include tales from the time before Columbus, stories from the Spanish colonial period, and tales from the nineteenth century. The stories have been gathered from Argentina, Bolivia, Colombia, Guatemala, Honduras, Mexico, Peru, Paraguay, Puerto Rico, and Venezuela.

The legends are presented in both English and Spanish so students may gain valuable reading skills in their new language while at the same time enjoying the support of their native language. Students may check their comprehension in either language by comparing both versions of the story.

The language and grammar used in the text make the readings appropriate for students at the intermediate level. Each chapter is followed by content questions designed to enhance understanding and by exercises intended to reinforce grammar and vocabulary found in the stories. There is also a bilingual Vocabulary List at the end of the last story.

We hope students will enjoy reading these tales and exploring the rich cultural heritage of Latin America.

The Gift of the
Moon Goddess

For thousands of years the Guarani Indians lived in the central and eastern part of South America. Now they live mainly in Paraguay. The word *Guarani* means warrior, and before the sixteenth century the tribes were fierce and warlike. But after the arrival of the Spanish missionaries, who established schools and missions in the jungles of Paraguay, the Guaranis became a peaceful and industrious people. Although Spanish is the official language of the Republic of Paraguay, the Guarani language is spoken frequently among the people of the country and the cities.

This Guarani legend explains the origin of the plant called *yerba mate,* which is one of the principal products of Paraguay. An extremely stimulating and nourishing drink, called *mate,* is made from its dry leaves. This tea, the favorite of many South Americans, is regarded as a symbol of hospitality and friendship.

1

A long time ago, the gods and goddesses used to come down from heaven to enjoy the beautiful land of the Guarani Indians, with its dense woods, great rivers of clear water, and meadows filled with flowers.

One of these heavenly visitors was the moon goddess who used to come very frequently, always during the day. Her companion was the cloud goddess. In order to wander freely through the fields and the woods without anyone recognizing them as goddesses, they would take on the form of two Guarani Indians.

One afternoon, the goddesses were so happy picking beautiful flowers in the woods that they forgot that nightfall was approaching. Suddenly, when the dark shadows covered the earth, the moon goddess exclaimed, "We should return to heaven right now or I will be late for my duties!"

"Just a little while longer," begged the cloud goddess. "There I see some very pretty white orchids and I wish to have a bouquet to take to the sky."

"We do not have much time," the moon goddess reminded her, worried by the delay.

They walked quickly toward the orchids when suddenly, they screamed out of terror. In front of them, a tiger appeared, the largest that they had ever seen in their lives. Its eyes were shining and its mouth was wide open. The goddesses were so frightened that they forgot to change from their Indian form into their heavenly form.

The tiger, roaring loudly, leaped toward them, ready to devour them. But, to their surprise, an arrow pierced its body and the animal fell to the ground, shrieking loudly because of the painful wound.

At that moment, an old Guarani Indian with bow and arrow came out from his hiding place behind a tree.

"Run!" he shouted to the goddesses. "Run to save your lives!"

But the goddesses, paralyzed by fear, remained as motionless as the trees which surrounded them.

Suddenly, the tiger got up and stood on his wounded legs and again leaped toward them, but the old man shot another arrow and this one pierced the heart of the animal, and it fell mortally wounded.

"He is dead and now there is nothing to fear," said the old Guarani Indian, looking toward the area where he had seen the two women. But there was no trace of them. After seeing themselves free from danger, the goddesses took their heavenly forms and rapidly went up to the sky.

Since the night had spread out its dark cloak over the forest and the meadows, the Indian climbed up a tree to spend the night there. Satisfied with the good deed he had done, he quickly fell fast asleep.

And it happened that in his dreams he saw before him the very beautiful figure of the woman with brilliant eyes, like two stars, whom he had seen in the forest that afternoon. He also clearly heard what she was saying to him, "I am the moon goddess, protector of good people. Putting your life in danger, you struggled courageously to save my life and that of my companion, the cloud goddess."

The Indian, astonished, wanted to answer, but he could not. The goddess continued speaking to him, "Good men always receive a reward for their noble deeds. You will receive yours because of your kindness and your courage."

"What will that reward be?" the Indian asked himself, while he gazed at this protecting goddess. He did not have to wait for the reply because the goddess continued, "In this forest, I will grow a very valuable plant for you and your people. Call it *yerba mate* and care for it well. By roasting its leaves, you will be able to prepare a tea which will serve as food for all those who are hungry. It will also calm the thirst of all those who drink it. Tomorrow, you will find this plant in the spot where you saw me yesterday."

Having said this, the goddess disappeared.

"What a strange dream!" said the Indian when he woke up the following day.

After getting down from the tree, he hurried to the place indicated by the goddess and there, a very beautiful new plant, with shiny green leaves, appeared before his eyes.

The old man picked some leaves and took them to the village where he told his story to the tribe and showed the reward that the moon goddess had given to him.

Immediately, the Indians roasted the leaves over the fire and prepared the tea. It soon calmed their hunger and their thirst, as the goddess had promised.

That very night, the Indians knelt on the ground and, lifting their faces to the sky, they thanked their moon goddess for the marvelous gift of the *yerba mate*.

EXERCISES

A. Finish each sentence with the correct word or phrase.

1. The Guaranis now live:
   (a) in the north of Panama.
   (b) in Paraguay.
   (c) on the coast of South America.

2. The moon goddess came down from her home in heaven to:
   (a) enjoy the beautiful land of the Guarani Indians.
   (b) see what was going on in the Hispanic world.
   (c) learn the Spanish of the conquistadors.

3. The moon goddess needed to return to heaven before nightfall because:
   (a) she could not see well at night.
   (b) she could only travel during the day.
   (c) she had duties to perform.

4. The cloud goddess saw:
   (a) some pretty white orchids.
   (b) a very beautiful river.
   (c) the dense woods.

5. Suddenly, the goddesses screamed because in front of them appeared:
   (a) a large tiger.
   (b) a beautiful Indian woman.
   (c) an eagle with a snake in its beak.

6. The old Guarani Indian killed the tiger with his:
   (a) spear.
   (b) rifle.
   (c) bow and arrows.

7. After seeing themselves free from danger, the goddesses:
   (a) rapidly went up to the sky.
   (b) took out their bows and arrows.
   (c) climbed up a tree.

8. The old Indian spent the night:
   (a) in his house.
   (b) in a tree.
   (c) in the lake.

9. The moon goddess said to the old man:
   (a) "Good men are few in number."
   (b) "Good men do not kill tigers."
   (c) "Good men always receive a reward."

10. The moon goddess gave him:
    (a) a plant.
    (b) an orchid.
    (c) a new bow and several arrows.

B. Describe the following scenes in complete sentences using the words given.

1. The Guaranis: jungles / Paraguay / peaceful / industrious / language / spoken / country / cities.
2. *Yerba mate*: leaves / drink / stimulating / favorite / symbol / hospitality.
3. The moon goddess: came down / frequently / during / day / companion / cloud.
4. The old Guarani Indian: shot / arrow / pierced / body / animal / fell.
5. The Indians: roasted / leaves / fire / prepared / calmed / thirst.

C. Answer the following questions:

1. Where did the Guaranis live?
2. Were the tribes fierce?
3. What is the official language of Paraguay?
4. What form did the goddesses take on?
5. Why did they have to return before nightfall?
6. What frightened the goddesses?
7. Who killed the tiger?
8. What did the old Indian see in his dream?
9. What was his reward?
10. How did the Indians thank their moon goddess?

D. What is the meaning of each of these words or phrases in English?

1. warrior
2. industrious
3. hospitality
4. take on the form of
5. exclaim
6. bouquet
7. mortally wounded
8. no trace
9. cloak
10. calm hunger and thirst

E. Possible or Impossible?

1. meadows filled with flowers
2. collect beautiful clouds
3. the feathers of the tiger
4. a strange dream
5. bow and arrows
6. shiny green leaves
7. to die of flowers
8. a humble peasant
9. roast the gift
10. the foot of the snake

Poor Fool!

Be careful if you find yourself in a Spanish-speaking country on December 28. It is called the Day of the Innocents, or Fools' Day, a day for jokes and tricks like April Fool's Day in the United States. Once it was a religious day observed in memory of the innocent children whom King Herod had condemned to death after the birth of the child Jesus. But for many centuries, the festival has had nothing to do with religion and the children go out looking for the opportunity of making fun of their friends. The victim of these mischievous children is called "innocent," which means fool.

Tunja, the setting for the following story, is famous for its precious architectural treasures, its historical monuments, and its charming legends.

Three centuries ago, a Spaniard of good character, named Don[1] Ramiro, lived with his wife in the loyal and very noble city of Tunja. The gentleman was a very serious man. He was also proud. According to him, he belonged to one of the most noble and distinguished families of Spain. Besides, he used to speak, using vague words, of a relative of his who was Viceroy of the Viceroyalty of New Granada, the old name for Colombia.

Since he was so serious and proud, Don Ramiro was always the victim of jokes on December 28. In fact, for four years at 12:05 in the morning of that day, the mischievous boys in his neighborhood had the custom of knocking noisily at his front door. When the gentleman would open the window of his bedroom, the boys would shout at him amid laughter, "Fool!"

The first year that they played that joke on him, Don Ramiro laughed; the second year, he gave them a long speech about courtesy; the third year, he threw a flowerpot at them in which rare and beautiful flowers were growing; and on the fourth year, he shouted that he was going to report them to the police for their nocturnal lawlessness.

The fifth year, Don Ramiro decided to put an end to that annoyance. Therefore, on the morning of December 27, the good Spaniard took an old and enormous shotgun out of a chest. Carrying it like a soldier, Don Ramiro went for a walk through the streets of his neighborhood. To all the boys whom he met, he said, "Tomorrow I am going to shoot my gun at anyone who knocks at my door."

The boys, who were good but a bit mischievous, listened to him courteously without saying a word.

The night of December 27, Don Ramiro was weary and his voice was hoarse from having repeated so many times the story of the shotgun.

---

[1]A title used before the first name of a Spanish nobleman or gentleman.

"Tonight, after four years of annoyance, I am going to sleep in peace," Don Ramiro announced to his wife. "Now, all the boys are afraid of me."

The good lady smiled. "No one is as intelligent as my precious husband," she said affectionately.

"Thanks, light of my life. Although, according to the cathedral chimes, it is only nine o'clock, I am going to bed immediately."

And Don Ramiro went to his bedroom where he got ready to enjoy a peaceful night.

But around midnight, Don Ramiro heard a loud knock at the door: bang, bang, bang!

Leaping from his bed, the Spaniard picked up his shotgun. He opened his bedroom window. By the light of the moon, he saw in front of his house a young man dressed as a soldier, and at his side was a magnificent white horse.

"Are you the distinguished Don Ramiro Quesada Vásquez de la Vega?" asked the young man courteously, but with a certain tone of authority.

"Yes, sir, I am," replied Don Ramiro, believing that he was speaking with a captain or, at least, with a sergeant.

"A relative of yours has the honor of being Viceroy of the Viceroyalty of New Granada, is that not true?"

Don Ramiro was surprised.

"Well . . . well," he murmured, without knowing if he ought to tell the truth or not.

"Well, sir, here you have a letter, without a doubt a very important letter."

"Yes, yes, wait a minute, please."

After saying this, Don Ramiro laid the shotgun on the bed and rapidly changed his sleeping clothes for a suit worthy of the occasion. Then, as swiftly as a flash of lightning, he went down the stairs and opened the door.

"Your letter, sir, and pardon the nuisance at this hour."

Without waiting for a reply, the young man gave a military salute, ran toward his horse, mounted it and, in the twinkling of an eye, he disappeared into the shadows of the night.

"Who could have written me this letter?" thought Don Ramiro. "What a large envelope and what beautiful hand-writing. It is possible that my lawyer in Spain is informing me that I am the heir to my aunt's fortune!"

Trembling with emotion, he opened the envelope, took out the letter, a very brief letter, and read these words, "Poor fool!"

EXERCISES

A. **Finish each sentence with the correct word or phrase.**
1. The Day of the Innocents is:
   (a) April first.
   (b) December 28th.
   (c) October 31st.

2. Don Ramiro lived with:
   (a) a nephew.
   (b) his family members.
   (c) his wife.

3. The ones who shouted "Fool!" at Don Ramiro were:
   (a) mischievous boys.
   (b) the women of the neighborhood.
   (c) his closest friends.

4. The third year, he threw down:
   (a) a flower.
   (b) hot water.
   (c) a flowerpot.

5. Don Ramiro took out of a chest:
   (a) his wife.
   (b) a shotgun.
   (c) a will.

6. Don Ramiro went to bed at:
   (a) nine o'clock.
   (b) ten o'clock.
   (c) twelve o'clock.

7. At 12:30, there appeared in front of his house:
   (a) a poor man.
   (b) his wife.
   (c) a young man dressed as a soldier.

8. The young man delivered to Don Ramiro:
   (a) a letter.
   (b) a greeting.
   (c) a gift.

9. Don Ramiro put the shotgun:
  (a) in the chest.
  (b) on the bed.
  (c) on the floor.

10. The letter said:
  (a) "Poor fool!"
  (b) "Good evening."
  (c) "Do not trust anyone."

B. Describe the following scenes in complete sentences using the words given.
  1. The Day of the Innocents: jokes / tricks / April first / religious day / in the memory / condemned to death.
  2. Don Ramiro: Spaniard / good character / wife / serious / proud.
  3. The effect of the jokes on Don Ramiro: laughed / gave a long speech / threw a flowerpot at them / shouted.
  4. On December 27th, Don Ramiro: took out / shotgun / went for a walk / neighborhood / I am going to shoot / anyone who knocks / door.
  5. The young man, dressed as a soldier, says to Don Ramiro: distinguished / relative / Viceroy / important / letter.

C. Answer the following questions:
  1. When is the Day of the Innocents?
  2. Who was the victim of the jokes?
  3. Who knocked noisily at his door at 12:05?
  4. What did they shout?
  5. What did he threaten them with the fourth year?
  6. What did Don Ramiro take out of the chest?
  7. Who thought that Don Ramiro was intelligent?
  8. At what time did Don Ramiro hear a loud knock at his door?
  9. Why didn't Don Ramiro know if he ought to tell the truth or not?
  10. What did the young man do after giving him the letter?

D. Finish the sentences in the first column with the correct phrase from the second column.

1. Children go out looking for the opportunity of
2. The second year, he
3. The conclusion has
4. Don Ramiro was weary and
5. Tunja is famous
6. Leaping from his bed, the
7. The young man disappeared
8. Trembling with emotion
9. Don Ramiro was
10. He went down the stairs

into the shadows of the night.
Spaniard picked up his shotgun.
for its charming legends.
he opened the envelope.
a surprise ending.
and opened the door.
making fun of their friends.
gave them a long speech.
his voice was hoarse.
the victim of jokes.

E. Interesting facts.
What are the words with jumbled letters?

There are about 400,000 different species of *slamina* in the world. The *sstecni* are in first place with 280,000 classes and the *hfsi* follow with 12,000.

A *eblubrid* flies about 165 miles daily *sengiarch* for food.

In the *ricasAme,* from *kaaAls* to Patagonia, there are 400 species of hummingbirds.

Americas, Alaska

bluebird, searching

animals, insects, fish

The Toad's Spots

In this legend you are going to learn about the adventures of Mr. Toad, the first astronaut among the animals. Within the space of one day, this brave hero made a round trip to the sky. Unfortunately, because his companion did not have a kind heart, Mr. Toad suffered wounds on his return trip. So his smooth skin became covered with spots that never disappeared. These spots served as proof of his heroic and unforgettable trip. In memory of their distinguished ancestor, all toads continue to wear the same spots.

In many parts of the world, there are false superstitions about toads. But these little animals do not pay attention to such nonsense. As always, they eat insects, they live happily with their families, and they speak with pride of the extraordinary trip experienced by their illustrious ancestor.

Once upon a time, in the very distant past, all the birds were invited to a party in the sky. When they received the invitation, each one of them began to clean and to arrange its plumage and to make preparations for taking part in the program.

The choir, composed of nightingales, larks, canaries, and mockingbirds, practiced all day, from sunrise to sunset. How melodious were their voices!

The black crow, who did not know how to sing or dance, wished to play his guitar at the party. But he was not invited to participate because he played with more enthusiasm than talent. Nevertheless, he decided to practice, thinking that he could play his instrument if the opportunity came up.

Finally, the morning of the party arrived and all the birds, large and small, left flying towards the sky, except the crow, who was never in a hurry. That morning, he remained for a long time in the woods arranging his beautiful black suit. When he finished his preparations, he picked up his instrument, ready to begin his flight to the sky. At that moment, he heard a voice that said, "Good morning, Mr. Crow. Where are you going so early in your elegant suit and with your melodic guitar?"

"Mr. Toad! How are you? You must know that I am going to the sky to attend a party. Only those who fly at great heights and who have beautiful feathers go there. Since you lack wings and feathers and, besides, you are very ugly, I believe that the party is not for you."

"Oh!" exclaimed the toad, without paying attention to the crow's insult about his appearance. "I would really like to know the sky and to take a little stroll there. Can't I go with you, friend crow?"

"That is absolutely impossible," said the crow in a very important tone of voice, while he put his guitar on the ground and went to the river to drink water.

The clever toad took advantage of that brief moment and got into the guitar without being seen. "How surprised the great Mr. Crow is going to be when he sees me at the party," the toad said to himself, as he sat down in a dark corner of the instrument.

When he finished drinking, the crow shouted, "Goodbye, friend toad, wherever you are. Tomorrow, I shall tell you what happened at the party!"

After saying that, the bird took his guitar and the passenger, and began flying to where the party was to take place—the sky.

Arriving there after a long trip through the air, the crow sat down at a place indicated by one of the hosts, and left his guitar in a corner.

The party had already started. The chorus of singers amused the many guests with their beautiful melodies. Then, certain birds paraded by, one by one, showing off their marvelous feathers. What cheerfulness! So many shouts and voices livened up the party!

Finally, the time for dancing arrived. The birds began to dance elegantly. Soon they noticed a strange dancer among the participants. It was the toad who was singing and dancing with such skill, enthusiasm, and cheerfulness that he pleased those present and caused great admiration. Everyone noisily applauded the enthusiastic dancer who, being a little nervous, often looked at the crow and the guitar.

The toad enjoyed himself very much at the party, although he thought a lot about how he was going to return to earth, should the crow by chance discover his deceit. Mr. Crow, of course, was surprised to meet his friend at the party and to see him dance so happily. He suspected the clever trick played by the toad, but he did not say anything to him. When the party was about to end, a kind and diplomatic dove noticed that the crow was the only bird that had not participated in the program, so he said aloud, "Mr. Crow, don't you wish to thank our hosts on behalf of all the birds for such a magnificent party?"

"With great pleasure, little dove," said the crow. Anxious

to draw the attention of everyone, he got ready to give an elegant but brief speech.

While the crow was talking, the toad leaped toward the guitar. Quickly he got in again, without being seen by anyone, and there he waited for the return trip.

The party ended before sunset and all the birds returned to earth, including the crow, who was very satisfied after his brilliant speech.

The toad, fearful without knowing why, waited anxiously for his arrival on the ground when, suddenly, he felt that something strange was happening to him. The fact was that he was no longer in his hiding place. The crow, deliberately, had turned over the guitar. The dancing and adventurous toad was thrown through the mouth of the guitar toward the ground, which was still very far away.

The poor dancing toad! He was afraid he would die from fright and anxiety while turning round and round through the air. In this lonely journey, he did not stop begging, "Stones of the road, move out of the way when I get to the ground!"

And he said to himself, "Oh, may I fall on soft grass. If not, I will die! My poor skin!"

Finally, the toad reached the ground. The stones had not moved and he was badly beaten, but he did not die. Soon, the wounds which resulted from his terrible blow were healed and in their place remained some spots similar to those that are seen on toads today.

After all this occurred, no toad has wanted to fly to the sky or to deceive any crow. And from those remote times on, it is said that toads know when it is going to rain because one of them once went through the clouds in the company of a crow, "the storm bird."

EXERCISES

A. Finish each sentence with the correct word or phrase.
1. The chorus was composed of:
   (a) all kinds of birds.
   (b) frogs.
   (c) only nightingales.

2. The party took place:
   (a) in a cave.
   (b) in the trees.
   (c) in the sky.

3. The black crow:
   (a) wanted to play his guitar.
   (b) could not fly.
   (c) did not know how to read.

4. The toad could not go to the party because:
   (a) he lacked wings and feathers.
   (b) he did not know how to play the guitar.
   (c) he had to stay with his family.

5. The toad:
   (a) went to the river.
   (b) started to cry.
   (c) got into the guitar.

6. They noticed a strange dancer, and it was:
   (a) the toad.
   (b) the crow.
   (c) a canary.

7. While the crow was talking, the toad:
   (a) sang happily.
   (b) got in the guitar.
   (c) began to dance more.

8. All the birds returned:
   (a) the next morning.
   (b) the following Thursday.
   (c) before sunset.

9. "Stones of the road,:
   (a) make yourselves soft."
   (b) move out of the way."
   (c) catch me."

10. As the toad fell:
    (a) he waved to people.
    (b) he flew a little bit.
    (c) he was badly beaten.

B. Describe the following scenes in complete sentences using the words given.
   1. The chorus: nightingales / canaries / practiced / sunrise / sunset / melodious / voices.
   2. The morning of the party: all / birds / small / flying / except / crow / never / hurry.
   3. The crow arrived in the sky: after / trip / air / sat down / place / left / guitar.
   4. The party: chorus / amused / guests / melodies / paraded / showing off / feathers.
   5. A strange dancer: singing / dancing / skill / cheerfulness / admiration.

C. Answer the following questions:
   1. Who was invited to a party in the sky?
   2. Who did not know how to sing?
   3. How did they get to the sky?
   4. How did the toad get there?
   5. How did the toad dance?
   6. Why was the toad nervous?
   7. Who gave a speech?
   8. How did the toad fall?
   9. What did the toad's wounds become?
   10. Who are the ones who do not want to fly in the sky anymore?

D. Give a brief description of each of these birds:
eagle
hummingbird
crow
nightingale
canary
quetzal.

E. What are the missing letters? It's hard!
1. astr__na__t
2. a__c__st__r
3. sup____st__ti__n
4. illu__tr____us
5. i__str__m__nt
6. ap__e__ra__ce
7. dipl____at__c
8. adv__nt__r__us
9. com__a__y
10. s__o__m

Corporal Montáñez

The Spanish American Wars of Independence against Spain began around the year 1810 and lasted for fourteen years. Among the South American heroes of this period were two liberators: Simón Bolívar,[1] who gave liberty to the northern colonies, and José San Martín,[2] who freed those of the south.

In 1821, General San Martín and his soldiers arrived in Peru determined to liberate the country, the last fortification of the Spaniards. Because the general did not wish to occupy Lima by means of force, he began negotiations with the viceroy, which lasted for many months. At the end of this period, the viceroy and his officials left for Spain, leaving the patriots in possession of the city.

The following selection, one version of which is found in *Tradiciones peruanas* by Ricardo Palma,[3] gives us an episode from the life of Corporal Montáñez. The action takes place during the period of negotiations, when no battles were being fought. It is evident that this legendary soldier had faith in the proverb which says, "he who does not venture does not cross the sea."

[1]Venezuelan patriot, known as "the Liberator."
[2]Argentine general and politician, liberator of Chile and Peru.
[3]Peruvian writer (1833–1919), creator of the legends genre.

A certain day, when Captain Centellas admitted that he was incapable of disciplining young Corporal Montáñez, he called him to his side and ordered him, "Montáñez, deliver this letter to General Aquiles, who is in Lima, and wait for the reply. Leave here tomorrow at dawn and do not lose time on the way."

"At your service, Captain," said Montáñez, giving a military salute.

Three days later, he presented himself before the general, a man much feared in the army for his severity and bad humor.

"Good morning, General," saluted Montáñez with a military air. "Here I bring you this letter from Captain Centellas, and I await your reply."

Without saying a word, the general opened the letter and read:

Dear Aquiles,
    The purpose of this letter is to introduce you to Corporal Montáñez, who is an excellent soldier. The bad thing about him is that he likes to make bets with everyone, and since he always wins, he has a bad reputation. I hope that you give him a position in the regiment under your command to see if he can mend his ways.

Your faithful friend,
Centellas

The general put the letter away and, sizing up the young man, only said, "Corporal Montáñez, from today on, you will be under my command, but if you do not behave well, I will shoot you."

"All right, General."

Montáñez then became a part of the general's regiment, prepared to serve well and to win new bets, if he could. His transfer to the noble and ancient city of Lima had not changed his spirit nor his ambition.

One night, the general called his new corporal aside and said to him, "Good evening, Montáñez. According to a report that I have just received, you have not mended your ways. It states that you continue to make bets, which is not in accordance with the rules of the army. But let's see. Would you like to try your luck with me?"

"At your service, General."

"Very well, name the bet."

"All right, if you wish. I'll bet you five *libras*[4] that your head is covered with moles, dozens of large, ugly moles."

"Moles! What madness! How dare you? That is absurd. I bet you ten *libras* that I do not have them."

"Agreed, General. Let's see."

And since the general did not have a single mole on his head, the poor corporal had to pay ten *libras*, and apparently left, full of resignation.

A week later, Captain Centellas received the following letter:

Dear Centellas,
    Without any doubt, your corporal is an idiot. Just imagine—he bet me that my head was covered with dozens of large, ugly moles. Naturally, by just taking off my wig and showing him my bald head with no moles, I won ten *libras* from him; in other words, his salary for a month.

Your friend,
Aquiles

---

[4]Gold coins.

The captain moaned deeply and answered:

Dear Aquiles,
   You believe that Montáñez is an idiot? Well, yes and no. Just imagine that before leaving for Lima, he and I made a bet: I, that you would never take off your wig to show him your bald head, and he, that you would do it. You won from him ten *libras,* but I lost twenty; in other words, my salary for a month.

Centellas

EXERCISES

A. Finish each sentence with the correct word or phrase.

1. In order to free Peru, San Martín:
   (a) began negotiations with the viceroy.
   (b) declared war.
   (c) invaded the country.

2. Captain Centellas:
   (a) wanted to honor Corporal Montáñez.
   (b) could not find the corporal.
   (c) was incapable of disciplining the corporal.

3. The problem with the corporal is that:
   (a) he is not a good soldier.
   (b) he likes to make bets.
   (c) he sleeps too late.

4. The corporal was transferred:
   (a) to the noble city of Lima.
   (b) to the northern region of Spain.
   (c) to an island near Puerto Rico.

5. Montáñez continued to make bets and that:
   (a) is not in accordance with the rules.
   (b) pleased the general very much.
   (c) wasted his money.

6. The corporal bet ten *libras* that:
   (a) the general had gray hair.
   (b) the general was bald.
   (c) the general's head was covered with moles.

7. The general:
   (a) did have moles.
   (b) wore a wig.
   (c) had long hair.

8. The general won from the corporal the sum of:
   (a) five *libras.*
   (b) fifteen *libras.*
   (c) ten *libras.*

9. The corporal and Captain Centellas:
   (a) had bet that General Aquiles was rich.
   (b) never bet.
   (c) bet on whether or not the general would take off his wig.

10. The salary for a month for Captain Centellas was:
(a) ten *libras.*
(b) fifteen *libras.*
(c) twenty *libras.*

B. Describe the following scenes in complete sentences using the words given.
1. General San Martín: his soldiers / determined / occupy / battle / he began / negotiations.
2. General Aquiles: much feared / army / severity / humor.
3. Corporal Montáñez: excellent / he likes / bets / everyone / wins / bad / reputation.
4. The general / the corporal: report / not mended / continue / bets / rules / army.
5. General Aquiles / Captain Centellas: corporal / idiot / bet / moles / wig / bald head / salary.

C. Answer the following questions:
1. Why was it impossible to discipline the corporal?
2. Why was the corporal sent to General Aquiles?
3. How many days did it take him to get to Lima?
4. Why was General Aquiles feared?
5. What did the corporal bring for the general?
6. Was the corporal a good soldier?
7. What was the general going to do to the corporal if he did not behave well?
8. Did the corporal continue making bets?
9. Where did the corporal say the general had moles?
10. Who won the last bet?

D. Where are these signs or warnings seen?
1. Free Admission
2. Do Not Enter
3. Post No Bills
4. Stop
5. Yield
6. Merge Right
7. Bus Stop
8. No Parking
9. Narrow Bridge
10. Caution, Deer
11. Danger, Dip in Road
12. Buckle Up!
13. Silence
14. No Smoking

E. Riddles

1. What is as small as a mouse, but guards the house like a lion?

2. What goes from your house to your school without moving?

3. What is a room you can't go in?
   You buy them fresh or in a tin
   To taste the stalk or taste the head—
   If some you taste, you'll end up dead.

mushrooms

the road

a key

Quetzal Will Never Die

After reading the following legend, one can understand why the people of Guatemala so greatly love the quetzal,[1] the symbol of the freedom and nobility of an Indian hero.

A large part of the population of Guatemala is indigenous, descendants of the Maya and the Quichés, a sister tribe. According to the Mayan calendar, the Maya-Quiché era began in the year 3485 B.C. Most of the Indians live in villages located in the mountains. There, they continue observing the customs of their ancestors. Beautiful costumes are worn, which are different in every village. They are decorated with ancient drawings which represent gods, animals, and flowers. As in past centuries, the soothsayer is a very esteemed person.

[1]A tropical bird of brightly colored feathers.

33

Quetzal was a brave boy, son of the powerful chief of a Quiché tribe. He was admired and loved by all. Great deeds were expected of him. Since the day of his birth, they had noted in Quetzal many signs of predestined greatness.

When the young man came of age and could participate in all the affairs of the Quiché warriors, the tribe gathered in a great clearing in the woods to celebrate the occasion. First, the musicians played their drums; afterwards, their flutes; and later, their marimbas. Then came the long awaited moment when the destiny of Quetzal would be made known.

In the midst of an expectant silence, the oldest soothsayer got up from his seat beneath the coral-colored tree. Slowly and with dignity, he threw the coral-colored seeds around himself. He studied them for a few moments, somewhat perplexed and filled with wonder. Finally, he announced clearly and firmly, "Your destiny is decided, Quetzal. You will never die. You will live eternally among generations of Quichés."

All the people gathered there were puzzled by that prophecy, and the admiration and enthusiasm that they had for Quetzal increased even more.

But not everyone in the tribe loved the boy. There was one person who was bothered by the successes of Quetzal. It was Chiruma, the brother of the tribal chief.

Chiruma was almost as young as Quetzal, and he had dreamed all his life of being chief. But now, after listening to the prophecy of the soothsayer, how could he fulfill his ambition? It was not to be doubted that Quetzal, admired by all and considered almost a god, would be the chief of the tribe on the death of his father.

Shortly after the ceremony in honor of Quetzal, he and the other young men of his age fought a battle against an enemy from the south. Chiruma took advantage of the occasion to keep Quetzal in plain sight. He was perplexed on noticing that the arrows which flew around the young man never wounded him. Could the prophecy made by the soothsayer be true? But no, that was impossible! How could Quetzal live generation after generation?

Suddenly, Chiruma had an idea. "Now I know," he thought. "I know why death respects Quetzal. He has some powerful amulet that protects him, and I am going to take it from him when he is asleep."

That same night, when Quetzal was sleeping soundly on his mat, Chiruma approached with silent steps. He looked at Quetzal's chest. The amulet was not there. He was about to leave when he saw a hummingbird's feather at the head of the mat where the young man was sleeping. Chiruma did not doubt for a moment that this was what he was looking for. As carefully as possible, he took the bright feather as he smiled happily.

Then he remembered what the soothsayer had said when Quetzal was born: that the hummingbird was the sign of the boy's good luck.

Some time passed, and the chief died. Immediately, the elders elected Quetzal as their new chief.

Chiruma, of course, did not allow his anger to show. He was sure that very soon the new chief, without his powerful amulet, could be conquered.

One afternoon, Quetzal, the new chief, was walking alone through the forest, armed with his bow and arrows. Suddenly, a beautiful hummingbird flew down from a tree and fearlessly perched on his shoulder.

"Listen to me, Quetzal. I am your protector and I come to caution you that death is pursuing you. Guard yourself from a certain man."

"From which man am I to guard myself, beautiful hummingbird?" asked the young man.

But the bird did not say one more word. After looking at Quetzal for a few moments, he took flight and disappeared.

The young man did not understand and continued on his

way. Suddenly, he heard a sharp whistling sound, and an arrow pierced him in the chest. He fell down on the green grass and closed his eyes, ready to die.

But the gods had predicted his immortality, and at that moment Quetzal was changed into a beautiful bird. His body took on the green color of the grass upon which he had fallen, and his chest, the color of blood. The golden sun of the afternoon painted his long tail with a great variety of colors.

For many centuries, the *quetzal* has been considered a sacred bird which, even today, no one is allowed to hunt. Guatemala has honored this beautiful bird by including its image on the national coat of arms. The currency of the country is also called *quetzal*.

So, as the soothsayer had predicted, and as the gods wished it, the young and brave chief lives and will live forever in the country of the Maya-Quiché peoples.

EXERCISES

A. Finish each sentence with the correct word or phrase.

1. Quetzal was:
   (a) a brave boy.
   (b) fierce and lazy.
   (c) the son of the moon goddess.

2. The soothsayer:
   (a) threw the coral-colored seeds around himself.
   (b) took an arrow out of his bag.
   (c) gave a coin to Quetzal.

3. The soothsayer said to Quetzal:
   (a) "You will be rich."
   (b) "You will marry a beautiful woman."
   (c) "You will live eternally."

4. Chiruma had dreamed of being:
   (a) brave.
   (b) chief.
   (c) admired.

5. Death respected Quetzal because:
   (a) he knew how to run well.
   (b) he had a powerful amulet.
   (c) he hid from the enemy.

6. The soothsayer had said when Quetzal was born:
   (a) that the hummingbird was a good luck symbol for him.
   (b) that he would be a servant.
   (c) that he was handsome.

7. The elders elected Quetzal to be:
   (a) the old leader.
   (b) their new chief.
   (c) president.

8. A hummingbird:
   (a) flew by.
   (b) sang.
   (c) perched on his shoulder.

9. Quetzal was changed into:
   (a) a hummingbird.
   (b) a beautiful bird.
   (c) a chicken.

10. Guatemala honors this bird:
   (a) by including its image on the national coat of arms.
   (b) with joyous parties.
   (c) by hunting it.

B. Describe the following scenes in complete sentences using the words given.
   1. The Quiché people: villages / costumes / decorated / drawings / gods / flowers.
   2. Quetzal: brave / son / chief / admired / all.
   3. The soothsayer: eldest / got up / threw / seeds / wonder.
   4. Chiruma: almost / young / dreamed / chief.
   5. The transformation of Quetzal: bird / body / green / grass / chest / blood / sun / afternoon / tail / variety.

C. Answer the following questions:
   1. What is the symbol of freedom in Guatemala?
   2. Who was the son of the chief?
   3. What did the tribe do when Quetzal came of age?
   4. What did the soothsayer throw around himself?
   5. Who said, "You will live eternally"?
   6. Who did not love Quetzal?
   7. What did Chiruma see at the head of Quetzal's mat?
   8. What perched on Quetzal's shoulder?
   9. How did Quetzal die?
   10. How does Quetzal live now?

D. Choose the word that doesn't belong with the others.
1. skirt, cape, wear, suit
2. companion, downpour, adventurer, nurse
3. loot, side, thief, steal
4. foot, stone, leg, chest
5. soothsayer, chief, lame, viceroy
6. sadness, happiness, joy, walking on clouds
7. rain, cry, moan, lament
8. you, soldier, him, me
9. tramp, plain, valley, hill
10. see, sought, seen, saw

Pedro de Candía

Among the young adventurers who came to the New World was Pedro de Candía, the hero of this legend. It is said that he was born on the island of Candía or Crete, as it is now known. His father was a ship's captain, and many times Pedro, the oldest son, accompanied him on his trips to Italy, France, and Spain. At the age of sixteen, Pedro left Seville, Spain, anxious to seek his fortune in the Indies.[1] There, he became a soldier and joined several expeditions, including those of Pizarro.

In 1528, when Pedro took a trip to Spain, King Carlos I gave him expensive gifts and conferred on him a title of nobility in remembrance of his feat described in this legend.

[1]America.

I n the sixteenth century, thousands of Spanish adventurers embarked for the New World in search of riches, fame, and glory. Among them were two poor men of humble origin, who later became famous explorers: Vasco Núñez de Balboa and Francisco Pizarro.

Balboa was the first to have great success, when he discovered the Pacific Ocean in 1513. In that dangerous voyage across the Isthmus of Panama, Balboa was accompanied by Pizarro, Indian guides, and an expedition of soldiers. Among these was Pedro de Candía, a brave, wise, and generous young man who was Pizarro's servant.

Encouraged by the success of Balboa, Pizarro decided to lead an expedition to the south with the aid of the explorer Diego de Almagro. His objective was the conquest of the rich and powerful Inca empire in Peru.

Much time passed, and finally everything was prepared for the long voyage. In the bay, two small ships were awaiting the order from Pizarro to set sail.

"In the name of God, forward!" shouted Pizarro, and immediately his ship was heading toward the open sea, followed by the ship under the command of Almagro. On board, the enthusiastic soldiers shouted and waved their hands at their companions on the other ship and at the people on the beach. Pedro, at the side of Pizarro on the deck of the ship, was very happy. What strange adventures he was going to have! What incredible stories he would be able to tell when he came home!

A few days later, the travelers began to suffer serious difficulties due to bad weather. Torrential rain fell constantly. Many soldiers became seasick. Suddenly, a terrible storm carried the two fragile ships to the island of Gorgona, near the coast of Colombia.

"What bad luck we have had!" lamented all the soldiers, except Pedro. "Let's go back to Panama immediately."

"Patience, more patience," exclaimed Pizarro. "It is said

that there is a great amount of gold in the capital of the Incas. Don't you want riches and a title of nobility?"

"No," was the reply of the weary soldiers.

Then the leader, Almagro, spoke, "Tomorrow, whether there is good weather or bad, I shall embark in my ship for Panama. The unhappy soldiers can return with me, if they so desire."

Pizarro's own fatigue was extreme. His clothing, hardly appropriate for the trip, was dirty; his silk cape was in pieces, his pants were torn. Nevertheless, he looked about him with the dignity of a Spanish king and, taking his sword from his belt, drew a line in the sand from east to west.

"Men," said Pizarro, looking at the soldiers again, "to the north of this line is Panama and poverty. To the south is the empire of the Incas and riches. Now you can choose: the north or the south."

Having said this, Pizarro crossed the line toward the south. Pedro de Candía followed him, joined by twelve soldiers. (In history books, Pedro and his companions are called the "thirteen gentlemen of fame.") The other soldiers did not take a step.

The following morning, it was raining cats and dogs. Nevertheless, the largest ship, filled with soldiers under the command of Almagro, departed for Panama, leaving Pizarro and the thirteen men on the island. Day after day, the leader and his thirteen companions, who were now enduring thirst and hunger, tried several times to sail toward the coast, but the storms made it impossible.

Finally, a beautiful, sunny morning arrived and Pizarro announced, "Come, gentlemen, we are going to leave the island immediately."

All happily obeyed, but hardly had they reached the coast when another tragic situation came upon them. Fierce and well-armed Indians were waiting for them on the beach, ready for battle.

"What shall we do?" asked Pizarro in desperation. "If we disembark, we will die in the fight against the Indians; if we return to the island, we will die of thirst and hunger."

There was complete silence from the soldiers. Only the sound of the waves and the shouts of the Indians were heard.

At this critical moment, Pedro de Candía spoke calmly, "I shall try to conquer the Indians with a trick. If I lose my life, please pray for my soul."

"Yes, brave friend," all of them said.

Pizarro looked at Pedro affectionately. He was the youngest and the most intelligent of the thirteen.

"May God bless you for your generous action. You are giving us a lesson in courage," said Pizarro, embracing the soldier.

Shortly afterwards, dressed in his armor and wearing his sword in his belt, Pedro got off the ship and, walking along the beach, went toward the Indians. In his right hand he was carrying a wooden cross, and in his left hand, a shield of shining metal. His thick black beard and his great stature gave him a majestic look.

The Indians were frightened and ran to their village, screaming with terror. Pedro, believing himself master of the situation, went toward the village with a slow, majestic step. He stopped near four old men, probably the chief and his wise men. By using signs and signals, the chief asked him if he was divine or human. Since Pedro did not answer, the impatient chief decided to make a test. He called to a group of Indians who were hidden in the nearby forest and, having understood the wish of the old man, they let loose five large, fierce leopards. At once, the terrible beasts ran toward the Spaniard.

On seeing the roaring leopards approach, Pedro almost died from fright. But at that moment, a flash of light reflected off the armor, and the shield shone with such intensity that it blinded the eyes of the leopards. Almost blinded, the frightened animals stopped. At the same time, the wooden cross shone as if it were made of precious metal.

Moments afterwards, the leopards meekly lay down at Pedro's feet. Now believing that the stranger was divine, probably a messenger from the sun, the Indians humbly knelt down around the Spaniard as if to worship him.

So this was how Pedro de Candía, according to the legend, saved the lives of Francisco Pizarro and his fellow soldiers.

EXERCISES

A. Finish each sentence with the correct word or phrase.
1. Pedro de Candía was born in:
   (a) Italy.
   (b) Spain.
   (c) Crete.

2. The Spanish adventurers embarked for the New World in search of:
   (a) riches, fame, and glory.
   (b) the Indians.
   (c) wives.

3. On board, the enthusiastic soldiers:
   (a) began to pray.
   (b) shouted and waved their hands.
   (c) saw the coast of Mexico.

4. Due to the bad weather, the travelers:
   (a) became seasick.
   (b) fell asleep.
   (c) got lost.

5. The clothing of Pizarro:
   (a) was very elegant.
   (b) was torn in pieces.
   (c) was in good shape.

6. The Indians were waiting for the soldiers on the beach:
   (a) to help them.
   (b) to welcome them.
   (c) to kill all of them.

7. Pedro de Candía wanted to:
   (a) trick the Indians.
   (b) make a treaty with the Indians.
   (c) kill all of the Indians.

8. What gave Pedro such a majestic look was:
   (a) his black pants.
   (b) his helmet.
   (c) his black beard and great stature.

9. The Indians let loose:
   (a) a ferocious panther.
   (b) twenty doves.
   (c) five leopards.

10. The Indians believed that Pedro was:
    (a) a supernatural being.
    (b) their chief.
    (c) the captain of the ship.

B. Describe the following scenes in complete sentences using the words given.
1. Pedro de Candía: brave / young / was / Pizarro's / servant.
2. The bad weather: torrential / rain / terrible / storm / carried the ships / island.
3. The clothing of Pizarro: hardly appropriate / dirty / silk / cape / pieces.
4. The Indians: fierce / well-armed / ready / battle.
5. Pedro with the Indians: stopped / four old men / signs / divine / human.

C. Answer the following questions:
1. What other explorer aided Pizarro?
2. Who discovered the Pacific Ocean?
3. What was the objective of Pizarro's expedition to South America?
4. How many ships were waiting in the bay?
5. Who decided to return to Panama?
6. How many followed Pizarro?
7. When they reached the coast, what tragic situation came upon them?

8. What did Pedro ask the other soldiers?
9. What was Pedro carrying in his right hand?
10. Why did the leopards lie down at Pedro's feet?

D. Choose the word that doesn't fit with the others.
1. toad, listen, bird, snake
2. deceit, walkers, road, travelers
3. Peru, Pizarro, Almagro, Charles V
4. night, moon, stars, sun
5. sea, ship, beach, sand
6. Panama, Crete, Italy, Bolivia

The Adventures of Juan Bobo

A *bobo* is an ignorant and foolish person who does not learn from his experiences. It is said that stories about foolish people, or *bobos*, originated in India. From there, the stories were carried to other lands. So this is why the problems of the *bobos* of Asia, Europe, Africa, and the Americas are more or less the same.

In almost all countries, there are accounts of entire towns whose inhabitants are fools, like those of Gotham in England and of Lagos in Mexico. Other times, it is an individual who is the most foolish of all fools. In Spanish-speaking America, Juan Bobo, Foolish John, is the hero of many legends. Generally, and after committing a series of amusing errors, this young man has good luck without doing anything to deserve it.

O nce upon a time, many years ago, there was a boy so lazy that he seemed stupid. He had the greatest desire in the world to behave well, but he didn't do or say anything except foolish things. Therefore, everyone, except his intelligent and hardworking mother, called him Juan Bobo.

One day, his mother told him, "Go to the village market and sell this fat hen. With the money you get, buy a sack of rice."

"Yes, Mama," said Juan.

"And be courteous and obedient with all the people that you meet."

"Yes, Mama."

Having said that, Juan took the hen and very happily left for the market. Soon he met many people who were coming along, half of them in a cart and the other half on horseback. They were coming from a wedding. Walking along the road were the groom, the bride, and their relatives, while friends accompanied them on horseback.

"You have my deepest sympathy," said Juan.

On one occasion, he had gone with his mother to a funeral, and since she had greeted the family that way, Juan believed that he always had to greet a group of people in the same manner.

Naturally, the recently married couple, as well as their friends, were very angry, and the husband told Juan, "The next time you meet many people, you ought to greet them with: 'Hurrah! Hurrah!'"

"Thank you very much, I'll do that," answered Juan sadly, because he had confused the greetings.

The boy continued walking and soon he met a butcher and his three sons. They were returning from the market with some pigs they had bought. Remembering the words of the groom, Juan greeted them this way, "Hurrah! Hurrah!", while waving his hat as the groom had showed him.

The pigs, frightened at seeing the boy waving his hat and shouting, ran through the countryside in different directions.

The butcher got angry and shouted at him, "Stupid! The next time you see something like this, you'd better say: 'May God give you two for each one.'"

"Thank you very much, I'll do that," answered Juan, as he continued walking.

Near the market, he observed a farmer who was burning a pile of weeds that he had just pulled out of the ground.

Remembering what the butcher had taught him, Juan greeted him with, "May God give you two for each one!"

"What is the matter with you, son? You shouldn't say that."

"What should I say, sir?" asked Juan, very confused.

"The next time you see something like this, it would be better for you to help instead of talking nonsense."

"Thank you very much, I'll do that," answered Juan, and he continued walking, troubled, while thinking that he had been born to make mistakes.

Soon he saw two large, strong men who were fighting in the middle of the road. Then he remembered what the farmer had advised him and he ran shouting, "Wait, gentlemen, I'll help you."

When they saw the boy, the men stopped fighting and began to laugh. "You're not supposed to say that," said the first man.

"Well, what should I say?"

"You should say, 'Please don't fight, gentlemen.'"

"Yes, that's what you should say," added the second man.

"Thank you for your advice, gentlemen. I'll remember it." And having said this, Juan continued on his way while repeating, "Please don't fight. . . ."

When he arrived at the market, he sold the hen and bought a bag of rice, according to his mother's instructions.

Then he happily walked through the market. He observed the potters making and decorating beautiful jars, both large and small. Very content and amazed, he watched the glass blowers and was sorry that he did not have any money to buy a vase for his mother.

Finally, Juan left the market and started out for home. But soon he felt tired and climbed a leafy tree in order to take a nap. He settled into a wide branch and in the twinkling of an eye, he fell asleep.

While the young man was sleeping, the dark sky announced a heavy rainfall, and a little while later, large drops began to fall. The noise of the rain and the sound of approaching voices awakened the young man. He opened his eyes and saw several thieves who were taking refuge beneath the tree.

"Here we'll be safe from the rain. No one will see us while we count the money that we have," said the leader of the band, while he put an enormous pile of gold coins on the ground.

"Don't be stupid, Paco!" shouted one of the robbers. "We shouldn't count the booty until night."

"Quiet!" responded the leader, using his strong hand to hit the man who had spoken.

Alarmed, Juan shouted from the tree branch, "Gentlemen, please don't fight."

But while he was shouting, he broke the sack that contained the rice for his mother.

"Help! Help!" shouted the thieves. "Hail is falling! The storm god has discovered us. Let's run!" The bandits ran at full speed, leaving behind their ill-acquired treasure.

Juan then climbed down from the tree and did not delay in picking up the very rich booty, which he put in his blanket. Then, whistling a very happy tune, he ran home.

"Here I am, Mama, and I've brought you a gift."

Then, after opening his blanket, he showed her the gold coins.

"Oh, my dear Juan, we're rich! But explain to me what happened."

"There is nothing to explain, Mama. It is easy to become rich if a person is courteous and obedient to all people."

Thus spoke Juan, the rich fool.

EXERCISES

A. Finish each sentence with the correct word or phrase.

1. A *bobo* is a person who is:
   (a) arrogant.
   (b) foolish.
   (c) intelligent.

2. Juan was going to the market to:
   (a) sell a hen.
   (b) see the people.
   (c) get away from his mother.

3. The people from the wedding came:
   (a) running.
   (b) skipping.
   (c) in a cart and on horseback.

4. The butcher was returning from the market with:
   (a) some pigs.
   (b) meat.
   (c) a great deal of money.

5. The farmer:
   (a) ran toward Juan.
   (b) was burning a pile of weeds.
   (c) started to fight.

6. In the market, Juan bought:
   (a) *mate* leaves.
   (b) weeds.
   (c) a bag of rice.

7. Juan took his nap:
   (a) in a tree.
   (b) in his bed.
   (c) next to the road.

8. Under the tree Juan saw:
   (a) several men.
   (b) a fat hen.
   (c) his mother.

9. The thieves had:
   (a) a chest full of rice.
   (b) a bag of rocks.
   (c) an enormous pile of gold coins.

10. According to Juan, it is easy to become rich if a person:
    (a) finds some thieves.
    (b) is courteous and obedient.
    (c) has a good mother.

B. Describe the following scenes in complete sentences using the words given.
1. Juan Bobo: boy / lazy / stupid / didn't do anything / foolish things.
2. The newlyweds: half / cart / horseback / bride / relatives.
3. The butcher: three sons / pigs / bought / angry.
4. The farmer: burning / pile / weeds / pulled out / ground.
5. Juan Bobo in the market: sold / hen / bought / rice / observed / potters / jars / glass blowers / money / buy / vase / mother.

C. Answer the following questions:
1. What was Juan Bobo going to sell in the market?
2. What was he going to buy?
3. What was the first group of people he met in the road?
4. How did the couple respond to what Juan Bobo said to them?
5. When Juan shouted, what did the pigs do?
6. Why did the two men who were fighting begin to laugh?
7. Whom did Juan observe in the market?
8. Who were taking refuge beneath the tree?
9. Did hail really fall?
10. What gift did Juan take to his mother?

D. Give the opposite of each of the following words:
1. brief
2. bellicose
3. modern
4. far away
5. generous
6. they forgot
7. I took out
8. I lost
9. peace
10. proud
11. without
12. divine
13. cruel
14. thin
15. sunset

E. Are you a good detective? Of course you are! In the word *calendars*, there are more than eighty words hidden, such as: dale, car, land. Write the word *calendars* on a piece of paper and begin your search for all the words you can find in it.

The Lame Man of Olancho

The missionaries and the explorers from Spain brought the Catholic religion to the New World. Although the explorers wished to gain lands for their king and treasures for themselves, they never forgot their mission of winning souls for the Christian faith. So, during the colonial era, when the Church became the center of religious and social life, there were countless miraculous happenings like those depicted in this legend.

The moral of this account is found in the character of two men: a humble farmer and a miserly rich man. The ending has a surprise, as much for the reader as for the characters in the legend.

More than two centuries ago, a very miserly, lame man named Juan lived in Olancho. As he had no other occupation than to accumulate riches, he made very few friends among his neighbors. In fact, he only had one loyal friend, Isidro. Isidro was a poor farmer who lived happily in poverty, and never sought any benefit from Juan. Every day, he used to visit the miser in his large, beautiful home in order to cheer him up from the loneliness and neglect in which he found himself, and to help him with his business affairs. Being noble of heart, Isidro did not pay attention to the selfishness of the miser, who never thanked him.

One day, when his wife was very sick, Isidro went running to Juan's home. For the first time he was going to ask him for help. Pale and perplexed, he arrived at the door of the home. Inside, he saw Juan counting his money.

"Oh, my friend," wept the farmer, "I am suffering a misfortune and. . . ."

"Don't speak to me of misfortune," Juan interrupted. "No one is as unfortunate as I am, being lame."

"But I too am unfortunate. My dear wife is very sick. Please lend me enough money to buy her medicine and good food. In two months I shall receive the money from my crops and then I shall pay my debt to you, with interest."

"Impossible!" shouted the frightened miser. "You don't understand that I need all my money, every penny. Ask for help from Blas or your other friends."

"They are as poor as I am," replied Isidro sadly.

"Then ask our Lord for help."

"I have begged for His help, Juan, but it seems that He doesn't hear me. It is possible that I lack faith."

"That's your problem. Don't bother me anymore, please. I am busy."

When he heard these words, the farmer, filled with sadness, left and went home.

"Who will have pity on me? Where shall I look for help?"

And with these thoughts in mind, he sat down at the side of the road on a large stone and began to pray. "Lord, You're the only one I have. Help me, please."

For a few moments he sat in silence, but no solution came to mind. And filled with desperation, he got up from the stone and decided to return home. But you can imagine his surprise when he saw his wife, who was now completely cured, at the door.

"Some minutes ago I was very sick," his wife nearly shouted with joy, "but suddenly I felt better, better than ever. I got up and here I am."

"Let us give thanks to our Lord," said Isidro, his heart full of gratitude.

So the two went in the house and prayed for a long time.

The next day, the poor farmer who held no grudge against the lame man, went to Juan's house. He wanted to tell him about the miracle.

"I found my wife at the door of our home, completely cured!" repeated the farmer, filled with happiness. "It has been a miracle of our Lord!"

"You are right. It is a miracle," answered the astonished miser.

"Now, what you have to do, Juan, is to beg the Lord that He will cure you of your lameness. Ask Him with faith and He will listen to you."

"I shall do it."

"Do it as soon as possible, Juan."

"Yes, yes, this very day. What do you think if, instead of staying at home to pray, I go to church and offer the Lord this gold chain?"

"That seems all right with me."

"Well, I will do it. I will start out right now. But look at this chain. It is pure gold and worth a great deal. It makes me very sad to part with it."

"It is worth more to have your leg cured."

"You are right, Isidro."

And when the farmer left, Juan, the lame man, got ready to go to church in the village and a short while later, he started out.

*   *   *

The next morning, all the people of the village were speaking of only one thing—that Juan, the lame man, in spite of being miserly, was cured of his lameness, thanks to a miracle of our Lord.

In front of the church, a group of people, including Isidro, gathered to discuss the miracle. Suddenly, there came an elegant carriage drawn by two handsome Arabian horses. It stopped at the corner, and Juan got out, walking without crutches.

Everyone hurried to his side to ask him questions. Juan very happily explained how the miracle happened.

"I began to pray at the feet of the image of our Lord, asking Him with all my soul that He cure me of my lameness. I promised to give Him, as an offering, a gold chain. Little by little, the leg became stronger. When an hour had passed, more or less, I got on my feet. After putting the chain at the feet of our Lord, I left without crutches, running from the church, to the surprise of the people in the street."

"Yesterday, my wife and I also prayed for you with all our hearts," said Isidro.

"Yes, of course," responded the miser in a very haughty tone. "It didn't cost you anything to pray, but the miracle has cost me a valuable gold chain."

Hardly did Juan finish saying his last words, when he fell to the ground, as pale as death, and screamed, "Oh! My leg hurts. Oh, oh! I am lame again."

And at this moment, a gold chain (no one knew where it came from) fell heavily near the feet of Juan, the lame man.

EXERCISES

A. Finish each sentence with the correct word or phrase.

1. The Church:
   (a) was the center of religious and social life.
   (b) had not yet come to America.
   (c) did not exist.

2. The lame man, Juan, was:
   (a) a poor farmer.
   (b) a government official.
   (c) a miserly rich man.

3. Isidro:
   (a) never visited Juan.
   (b) did not pay attention to Juan's selfishness.
   (c) did not like Juan.

4. Juan did not want to:
   (a) count his money.
   (b) wait for the harvest.
   (c) lend Isidro any money.

5. When Isidro prayed, he said:
   (a) "Help me, please."
   (b) "Give me medicine."
   (c) "Give me money."

6. After the miracle, Isidro's wife:
   (a) felt better and got up.
   (b) shouted and jumped.
   (c) began to run.

7. Instead of praying at home, Juan went to:
   (a) the main street of town.
   (b) the Zócalo.
   (c) the church.

8. All the people of the village were speaking of Juan because:
   (a) he was cured of his lameness.
   (b) he lost all of his money.
   (c) he had beautiful horses.

9. Juan promised to give the Lord:
   (a) a great deal of money.
   (b) his thanks.
   (c) a gold chain.

10. The gold chain fell from:
    (a) no one knew where.
    (b) the image of the Lord.
    (c) the hand of Juan.

B. Describe the following scenes in complete sentences using the words given.
1. Juan: few friends / miser / large house / business affairs / lame.
2. Isidro: poor / visit / cheer him up / noble of heart.
3. The dear wife: sick / lend money / buy her medicine.
4. The miracle of the wife: cured / door / I felt better / I got up / give thanks to the Lord.
5. An elegant carriage: drawn / horses / stopped / corner.

C. Answer the following questions:
1. How did Juan spend his time?
2. Why did Isidro visit Juan's house every day?
3. Why didn't Isidro pay attention to Juan's selfishness?
4. What misfortune did Juan have?
5. Who became sick?
6. Who had pity on Isidro?
7. What did Isidro and his wife do after the miracle?
8. What did the miser do later?
9. What did he offer the Lord?
10. Did the Lord accept it?

D. **What is the meaning of each of these words or phrases in English?**

1. missionary	6. perplexed	11. lameness
2. win souls	7. misfortune	12. Arabian horses
3. accumulate	8. pity	13. crutches
4. benefit	9. desperation	14. valuable
5. miser	10. gratitude	15. depicted

The Empty Boat

The theme of a pact between the devil and a person has always been a favorite one in European literature. In this kind of story, almost as a general rule, the devil demands the soul of the victim in exchange for his favors.

This legend differs somewhat from the others because the protagonist, overwhelmed by his debts, makes a pact with the devil which consists of bringing about the misfortune of an unknown person in exchange for recovering his wealth.

A long time ago, there lived in Argentina an important family whose wealth of material riches was immense, but unfortunately, they lacked spiritual goodness.

Surrounded by luxury and comforts and filled with selfishness, no member of this family thought about the unfortunate or the poor who had scarcely enough to eat.

But one day, Alejandro, an elegant young man who was at that time the head of the family, realized something incredible: the family was on the verge of bankruptcy as a result of poor management of property and excessive expenses.

Alejandro was a lively and irresponsible young man who, up to the present, had only been concerned with having fun. For the first time in his life, he saw himself facing a serious problem and he was determined, at whatever cost, to save his family from the impending disaster.

Day and night the young man shut himself up to work at the desk in the library, in spite of being burdened by the demands of creditors and the complaints of his family.

One night, Alejandro, casting a glance of desperation toward the heap of debts, exclaimed bitterly, "It is an impossible task! Oh, I wish I had someone to help me!"

He had hardly finished saying these words when the door slowly opened and an elegant gentleman, impeccably dressed in black, entered.

"Who are you and what do you want?" demanded the surprised young man, getting up from his desk.

"I am an unknown friend and I come from far away in order to help you," responded the stranger in a clear and firm voice. "Although your problem may seem hopeless, I bring you a definite and immediate solution."

"And what is that solution?"

"It is very simple, young man. Stick a pin at any point on the world map which hangs on the wall and immediately, as by the power of magic, you will again possess your riches."

Terrified, Alejandro understood that the stranger was a

supernatural being who possessed hidden powers. If not, how was it possible that by only sticking a pin on a map, a miracle could happen?

"Don't be afraid," continued the stranger, observing the terrified young man. "Upon sticking in the pin, a man who lives in the place you choose will die immediately. I need his soul. You, in exchange, will receive the fortune that you have lost."

"Oh no, I cannot kill anyone," exclaimed Alejandro.

"He is someone," said the intruder persuasively, "whom you have never seen nor will see in your life. Thus, your hands will not be stained with blood. It is the only opportunity of recovering your fortune, because I never knock twice at the same door. Make your choice, and I will go away. When you close the door behind me, your life will change."

Alejandro, moved by his convincing words, finally gave in and, after taking the pin that the stranger gave him, he went toward the map. After looking at it for a moment, he hurriedly stuck the pin in a little spot in South America. And the little spot was the island of Margarita in Venezuela.

With an expression of pleasure, the stranger withdrew, leaving Alejandro worried. A few minutes later, the door opened again, and the young man's older sister came in, with a radiant expression on her face. She told him very excitedly that a rich prince had proposed immediate marriage to her and had promised to pay the family's debts.

The days passed and the promises of the stranger were fulfilled, but instead of being happy, Alejandro suffered from a feeling of guilt and sadness that never left him in peace.

While all this was happening, at the same time a tragedy was taking place in the faraway island of Margarita, the beautiful island with beaches that are like a poem to natural beauty.

Most of the men of this island are fishermen who live in humble, clean little houses on the beach; they are good people, hardworking and honest, who live off the fish provided by the sea.

At dawn, a procession of boats leaves for the sea in search of daily food. And on land, making the sign of the cross and praying that the Virgin will return all of them safe and sound, were the mothers, daughters, and sweethearts of the fishermen.

Every morning, the same scene is repeated. And in the afternoon, when the last boat has returned, the fishermen, with their families, kneel on the shore and give thanks to the Virgin for having freed them from the constant dangers of the sea.

Among the fishermen, only Luis was not content with his humble life. This honest and hardworking young man wanted to become rich and to travel to distant lands, an ambition that disturbed and terrified his good wife, Rosa. Every day she asked God that someday her Luis might forget those strange ideas and might be able to see happiness in the simple life of the island.

One afternoon, when the fishermen were returning from the open sea, a terrible storm broke loose. Huge, threatening waves were breaking and turning into the whitest foam; in the dark sky there were constant flashes of lightning. It was night (the same night in which the stranger visited Alejandro) when the fishermen, drenched and exhausted, arrived home. But one was missing. It was Luis.

"Do not worry, Rosa. In a short time your Luis will return," said his friends who were on the beach with his anguished wife.

Hour after hour, Rosa and their loyal friends, indifferent to the wind and the rain, watched the seashore praying, looking, waiting. Finally, shortly before dawn, in the midst of the shadows, Luis' boat could be clearly seen. But it was empty.

For several days, the fishermen looked in vain for their esteemed companion. Never again would they see the brave man who had lost his life during the storm. Nevertheless, hope was still alive in the good soul of Rosa, who had a feeling that someday Luis would return.

While this was happening on the island, in Argentina Alejandro suffered a constant agony of the soul, believing he was the murderer of an innocent person.

One day the young man announced to his family, "Tomorrow I am leaving on the ship, *San Martín* for the north. I do not know when I will return."

Alejandro did not explain the reason for his trip, nor why he was dividing his fortune anonymously between the orphanage of his city and the poor of the island of Margarita.

Upon arriving at his destination, the young man began to investigate the truth of what happened as a result of his pact with the stranger. It did not take him much effort to reach the conclusion that "the house of the empty boat" was the house of his victim, and that Rosa was the sad widow.

After a few months and because of his kind and courteous character, Alejandro had won the friendship of the people, who invited him to live with them and to become a fisherman, an invitation which he gratefully accepted.

He became very friendly with the family of Luis and Rosa, and every night he wept because of the pain he had caused them. Little by little, Alejandro changed. He became a humble and generous person, a friend of all the poor, always helping them, even with the most disagreeable tasks.

One night, the moonlight illuminated the figure of a man who was approaching "the house of the empty boat," and when he arrived, he knocked at the door. When Rosa opened it, she gave a shout of joy.

"Oh Luis, my dear Luis! Thank God and the Virgin for having listened to me."

The return of Luis was the cause of joy for all, and Rosa and Alejandro believed that they were going to die from happiness.

To the surprise of all, Luis told them, "The night of the

storm, I was drowning, when a boat that was traveling to Europe rescued me. During the following months, I suffered grave illnesses and strange nightmares. In my dreams, I thought that the devil was trying to carry me away with him. But now all that has passed and my only wish is to spend my life here with my dear Rosa and my loyal friends."

"The house of the empty boat" was called this no longer after Luis returned, since his boat joined the others, and its owner now worked with more enthusiasm than ever.

It is said that a few years later, Alejandro married a woman from the island, a Margariteña, and that the godparents of their first child were Rosa and Luis.

EXERCISES

A. Finish each sentence with the correct word or phrase.

1. Alejandro, the head of the family:
   (a) decided to marry.
   (b) realized that the family was on the verge of bankruptcy.
   (c) decided to return to the university.

2. Alejandro:
   (a) had only been concerned with having fun.
   (b) could not stop laughing.
   (c) left for Spain.

3. An elegant gentleman:
   (a) arrived in a white cloud.
   (b) suddenly appeared.
   (c) entered as the door opened.

4. The solution is:
   (a) stick a pin in the map.
   (b) change your clothing.
   (c) sell all your possessions.

5. "Upon sticking in the pin:
   (a) you will know where you are going."
   (b) everyone will know that you are poor."
   (c) a man will die."

6. "Thus, your hands:
   (a) will be dirty."
   (b) will not be stained with blood."
   (c) will be full."

7. He stuck the pin in:
   (a) the island of Margarita.
   (b) Buenos Aires.
   (c) the Panama Canal.

8. A few minutes later:
   (a) his older sister told him that a rich prince had proposed marriage to her.
   (b) the notary public entered to tell him that he had inherited a fortune.
   (c) they discovered a chest full of money.

9. Most of the men of the island were:
   (a) pirates.
   (b) soldiers.
   (c) fishermen.

10. That afternoon:
    (a) a terrible storm broke loose.
    (b) the sun was shining.
    (c) all of the boats returned safely to the shore.

B. Describe the following scenes in complete sentences using the words given.
   1. The solution: stick / pin / point / map / power / magic / possess / riches.
   2. His older sister: door / opened / told / rich / prince / proposed / marriage / promised / debts.
   3. One afternoon: fishermen / returning / sea / storm / broke loose.
   4. Hour after hour: watched / seashore / praying / waiting / boat / clearly seen.
   5. After a few months, Alejandro: kind / courteous / character / friendship / people / invited / become / fisherman.

C. **Answer the following questions:**
1. Why was Alejandro so worried?
2. Who was the elegant gentleman?
3. What was the solution?
4. Where did he stick the pin?
5. What did most of the men of the island do for a living?
6. What happened one afternoon when the fishermen were returning from the open sea?
7. Which boat returned with no fisherman in it?
8. How did Alejandro change?
9. In Luis' dreams, who was trying to carry him away?
10. Who were the godparents of Alejandro's first child?

Margarita's Slip

This legend is included in *Tradiciones peruanas,* compiled by the distinguished author, Ricardo Palma, who was born and died in Lima (1833–1919).

This legend takes place in Lima, the City of the Kings, founded by Francisco Pizarro on January 6, 1535. Around a huge *plaza,* or square, the Plaza de Armas (Plaza of Weapons), the conqueror ordered the construction of the cathedral, the oldest in all of Spanish America, and the National Palace where Pizarro lived up to his death in 1541. For many years, the Palace has served as the residence of the Peruvian presidents.

Santa Rosa is the patron saint of Lima. In honor of her day, August 30, the faithful followers participate in a procession. But in 1765, the period in which this legend takes place, the procession which passed around the Plaza de Armas was an occasion of special interest for all the citizens. The legend deals with love, pride, and kindhearted deception.

I n the streets of Lima, it is not unusual to hear the old women criticize the price of an article with this expression, "Why, indeed! This is more expensive than Margarita Pareja's slip!"

How did this very curious saying originate? Who was this Margarita whose slip is mentioned in Peru?

Margarita Pareja was the spoiled and capricious daughter of Don[1] Raimundo Pareja, Collector General of the Port of Callao. She was one of those native girls of Lima who, by her beauty and modesty, had charmed the hearts of the richest and most noble young men of the City of the Kings.

At that time, a haughty young man named Luis Alcázar arrived from Madrid. Don Luis had an old bachelor uncle in Lima, who was the richest, the stingiest, and also the proudest nobleman in the entire city.

While he was awaiting an inheritance from his uncle, our Don Luis was living as poor as a rat and suffering in his misery. He made all his purchases on credit, promising to pay when his financial condition improved.

In the procession of Santa Rosa,[2] Alcázar met pretty Margarita, who caught his eye and then conquered his heart. He gave her compliments, and although she did not answer yes or no, she let him know, with smiles and feminine tricks, that he was very much to her liking. The truth is that they fell madly in love.

Since lovers forget that arithmetic exists, Don Luis believed that his present poverty would be no obstacle to achieving his plans. Therefore, he went to Margarita's father and, without hesitation, he asked him for the hand of his daughter.

Since Don Raimundo was not interested in the request, he quickly, but courteously, took leave of the gallant young

---

[1]A title used before the first name of a Spanish nobleman or gentleman.
[2](1588–1617), patron saint of Lima.

man saying that Margarita was too young to take a husband, even though she was eighteen years old.

But the truth was that Don Raimundo did not wish to be the father-in-law of such a poor fellow, which is what he told his friends confidentially. Immediately, one of them went with this piece of gossip to Don Honorato, the uncle of the young man. The uncle, who was prouder than El Cid,[3] shouted with rage, saying, "I cannot believe this! To insult my nephew! There isn't a better young man in the city of Lima. How insolent is this little tax collector of Callao!"

For her part, on learning about her father's decision, Margarita became furious. She shouted, she pulled out her hair, she threatened to poison herself (although she had no poison), and she talked about becoming a nun. She grew pale, lost weight, and was visibly getting worse.

The father of the young lady became alarmed and consulted doctors and healers. They all declared that the only saving medicine was not sold in pharmacies.

Either have her marry the young man that she cares for, or lay her out in a coffin with a cross and flowers. That was the medical conclusion.

Don Raimundo (after all, he was her father), forgetting to take his cloak and cane, headed like a madman to the home of Don Honorato and told him, "I come to ask that your nephew marry Margarita tomorrow, because otherwise, the girl will die."

"It's not possible," the uncle answered angrily. "My nephew is very poor, and what you ought to seek for your daughter is a man with money."

The dialogue was stormy. Finally, Luis entered the living room and said, "We are Christians, Uncle, and we should not kill an innocent person."

---

[3]Rodrigo Díaz de Vivar (1043–1099), called El Cid, was a hero of the Spanish Reconquest.

"Are you satisfied, Luis?"

"With all my heart, Uncle."

"Very well, young man. I will allow you this pleasure, but under one condition and it is this: Don Raimundo has to swear before the image of the Holy Virgin that he will not give an *ochavo*[4] to his daughter nor leave her a single *real*[5] in his will."

"But, sir," shouted Don Raimundo, "my daughter has twenty thousand *duros*[6] as a dowry."

"We reject the dowry. The young lady will come to her husband's home with only what she is wearing."

"Allow me to give her the furniture, Don Honorato."

"Not even a pin. If you don't like it, you can leave it, and your daughter will die."

"Be reasonable, Don Honorato. My daughter at least needs to take a slip to replace the one she is wearing."

"All right. So you won't accuse me of being obstinate, I consent to your giving her that and nothing more."

On the following day, Don Raimundo and Don Honorato went very early in the morning to the church of San Francisco, and kneeling at the feet of the statue of the Virgin, Margarita's father said, "I swear to give my daughter nothing more than a bride's slip. May God condemn me if I do not comply with my oath."

And Don Raimundo complied with his oath, because neither while alive nor after his death did he ever give his daughter anything that was worth an *ochavo*.

But the lace from Flanders which adorned the bride's slip cost 1,700 *duros* and the cord which adjusted the collar was a chain of diamonds that was worth a fortune.

Of course, the newly married couple never explained the value of Margarita's slip to the uncle.

---

[4]Old coin of little value.
[5]Old coin worth more than an *ochavo*.
[6]Old silver coin of considerable value.

EXERCISES

A. Finish each sentence with the correct word or phrase.

1. Margarita Pareja:
   (a) had charmed the hearts of the richest young men.
   (b) was fat and ugly.
   (c) did not know how to get along well with people.

2. Luis' uncle was:
   (a) very popular among the people.
   (b) very generous with his money.
   (c) the stingiest and proudest nobleman in the city.

3. Luis met Margarita:
   (a) in the hotel.
   (b) in the procession.
   (c) on the ship.

4. Don Raimundo did not want to be the father-in-law of:
   (a) such a poor fellow.
   (b) a Spaniard.
   (c) such a lazy young man.

5. Margarita's father was alarmed when:
   (a) she ran out of the house.
   (b) the doctors declared that the only saving medicine was not sold in a pharmacy.
   (c) Luis did not want to marry Margarita.

6. The condition that Luis' uncle imposed was:
   (a) that Margarita could not marry Luis.
   (b) that Luis could not give anything to Margarita.
   (c) that Don Raimundo could not give anything to Margarita.

7. The only gift that Margarita could accept from her father was:
   (a) a ring.
   (b) a slip.
   (c) the music.

8. They swore an oath before:
   (a) the high altar.
   (b) the priest.
   (c) the statue of the Virgin.

9. Don Raimundo did not give his daughter:
   (a) an *ochavo*.
   (b) diamonds.
   (c) lace.

10. The newlyweds:
    (a) explained to everyone what Don Raimundo had done.
    (b) told all of their friends how Don Raimundo had tricked Don Honorato.
    (c) never explained the value of Margarita's slip to the uncle.

B. Describe the following scenes in complete sentences using the words given.

1. Margarita: spoiled / capricious / native girls of Lima / beauty / modesty / charmed / hearts / young men.
2. Luis Alcázar: haughty / from Madrid / bachelor / richest / stingiest / proudest.
3. They fell in love: gave compliments / smiles / feminine tricks / liking.
4. Don Raimundo: did not wish / father-in-law / poor fellow / told it / confidentially / gossip.
5. They swore an oath: at the feet of / statue / Virgin / give nothing / bride's / slip.

C. Answer the following questions:

1. How did Margarita charm the hearts of the young men?
2. With whom did she fall in love?
3. Why did Luis not have any money?
4. How did Margarita threaten to kill herself?
5. What did the doctors say about Margarita?
6. What oath did Don Raimundo take?
7. What was the one gift that Don Raimundo could give to Margarita?
8. From where did the lace come?
9. How much was the cord that adjusted her collar worth?
10. Whom did the newlyweds not tell about the value of the slip?

D. Are you good at arithmetic? Let's see.

1. Write down the number of the month in which you were born.
2. Then, multiply (×) it by 2.
3. Now, add (+) 5.
4. Multiply (×) the number by 50.
5. Add (+) your age to it.
6. Subtract (−) 365.
7. Finally, add 115 to it.

Now you have finished your work.
Is the answer correct?
Read below.
The answer: the number of the month of your birth
and your age should appear.

E. Sayings. Fill in the missing letters.

1. He who seeks, f__n__s.
2. Better l__t__ than n____er.
3. The ea____y bi__d gets the w____m.
4. L__ok be____re you le____.
5. Like a bu____ in a c____na sh__p.

The Trees of White Flowers

The Zapotecan nation, located in what is today the state of Oaxaca, was one of the oldest nations in Mexico. It existed for more than a thousand years. Many illustrious men of the Republic have been born in this region, including two famous presidents: the lawyer Benito Juárez, one of the most admired political figures of the country; and General Porfirio Díaz. Because of this, Oaxaca is also known as "the cradle of the patriots."

In "The Trees of White Flowers," a legend of romance and intrigue, its principal characters and the events have historical origins.

The Aztec king, called the "Red Ahuizolt," was a symbol of terror among his neighbors. He waged constant wars in order to capture prisoners, whose hearts were offered as a sacrifice to the god Huitzilopochtli.[1] In spite of the cruelty with which he treated his enemies, the king deeply loved his people and the magnificent city of Tenochtitlan,[2] with its beautiful gardens, its immense palaces, and its great temples.

[1]God of war.
[2]Capital of the Aztecs.

I t was the fifteenth century and young King Cosijoeza had just occupied the throne of the Zapotecs in the beautiful city of Juchitan, now called Oaxaca. The people of the kingdom greatly loved their new king who was kind, wise, and brave. He was also an astute warrior, a necessary talent during those times when their neighbors, the Aztecs, fought continually to conquer the Zapotecan kingdom with weapons or deceit.

One afternoon, the young king was taking a walk through the palace gardens in order to enjoy the beauty of the trees with their white flowers. It was the hour when the huge flowers opened and their delicate fragrance would spread through the whole city. In truth, the gods favored the Zapotecs when they gave them those trees thousands of years ago, trees that could only be found in that place.

Suddenly, the king's walk was interrupted by the arrival of one of his servants and some Aztec emissaries.

"State the message, please," the king said to the emissaries. He was anxious to know what new trick his Aztec neighbor had.

"Our king, the great Ahuizolt, wishes you to send him some trees of white flowers. He wants to plant them in the palace gardens and along the canals in our charming Tenochtitlan," was the reply.

Cosijoeza did not answer at once. He remembered that for many years, Ahuizolt had tried in vain to get some of those trees. Also, he remembered that the Aztecs always paid good with evil.

One of the emissaries became impatient and declared, "If you do not send the trees to my king, he will order his Aztec warriors to take over your kingdom. This way, he will become the owner of all the beautiful trees."

"Tell your king that he cannot have my trees or my kingdom," the young king answered calmly.

As soon as the emissaries had left for their country, the Zapotecan king gathered his warrior chiefs and told them,

"Once again we have to fight in order to save our lives and our beautiful Juchitan from the power of the Aztecs. Prepare all the fortifications and the poisoned arrows."

The strong warriors listened and promised to obey him in whatever he commanded, since they had unlimited faith in their king. Thus, three months later when the Aztec army arrived, weary from its journey, it was conquered in a few days by the brave Zapotecan warriors.

When he learned of the defeat of his army, the Aztec king became furious. Then he resolved to use cunning in order to obtain the trees and, later, the Zapotecan kingdom.

In order to carry out his plan, he decided to ask for the help of Coyolicatzín, his most beautiful and dearly loved daughter. So he called to her and said, "My daughter, I need your help for a difficult and dangerous mission."

"At your service, my father."

"I wish to possess the trees of white flowers and to conquer the kingdom of the Zapotecs. This is the plan," added the king, and he explained to his daughter the part she was to carry out.

A few days later, the princess secretly left the city, accompanied by her servants. All went toward the beautiful capital of the Zapotecs. For the princess, the road was long and difficult, but the thought of the confidence that her father had in her filled her with comfort and joy. The travelers finally reached a forest near the palace in Juchitan, and there they spent the night.

The following day, when the king was walking through the forest, he stopped in surprise. In front of him he saw a lovely young woman, beautifully dressed and adorned with precious jewels.

"Who are you, beautiful young lady?" asked the king. "You seem like a goddess who has descended from heaven."

"I am the most unhappy of young women, and I walk through unknown lands in search of my happiness without finding it."

"In Juchitan I'm quite powerful. Tell me what I can do for you."

The princess smiled sweetly and answered with vague words, without saying anything concrete and, much less, who she was.

"Come with me to my palace where my mother will care for you with affection," said the king.

The young woman pretended to unwillingly accept the cordial invitation, but this was really part of her plan. So, accompanied by her servants, she happily spent several days in the palace of the young king. And when he completely fell in love with the beautiful and mysterious young woman, she said to him, "The hour has arrived when I must leave. Through a marvelous power, I have had the pleasure of knowing you, but I have to return to my country."

Cosijoeza refused to listen to the words of the young woman.

"I do not want you to leave me," he told her. "Stay here forever and be my wife. Or, if you prefer, tell me the name of your country, and I shall follow you, even if I have to go through all kinds of dangers."

The princess looked at him with feigned sadness. "It is very difficult for me to be your wife, since my father is the Aztec king, Ahuizolt."

The young man was bewildered by the confession. But he was so much in love with the beautiful young woman that even the greatest difficulties seemed to him easy to conquer. Therefore, he answered, "Return to your beautiful Tenochtitlan, if that is your wish. Soon my emissaries will go and ask your father, the powerful Ahuizolt, for your hand."

Filled with deep sadness, the king remained behind while the princess went happily to her father. Now she had successfully completed the first part of the program that he had entrusted to her.

*   *   *

Shortly after the arrival of the young woman in Tenoch-titlan, the emissaries of the Zapotecan king arrived. They came carrying riches to be offered to Ahuizolt as a pledge of friendship and also in order to ask for the hand of the beautiful Coyolicatzín.

Looking at the gifts, the Aztec king responded with feigned surprise, "Your mission has surprised me. On other occasions, the Aztecs and the Zapotecs have been enemies. But this marriage that your king desires will be from now on the firm basis of our peace and friendship."

And after some moments of feigned sadness, he continued, "The daughter that you ask me for and who must leave my side is the most beloved. But return and tell the king that soon he will receive in Juchitan the beautiful Coyolicatzín."

The emissaries returned, filled with joy over the good news that they were taking back to their king. No one could suspect the treachery that the Aztec king and his daughter were going to bring to the very palace of Juchitan.

Before the departure of the princess, the Aztec king spoke to her and said, "Little by little, you must find out the secrets of the Zapotecan army, including the fortifications. Also learn how they make their poisoned arrows. Then you will tell these secrets to my emissaries who will visit you from time to time. Thus, when my warriors arrive, they will be able to conquer the kingdom in a few days."

"My father, you can trust me. I will find out everything you wish and I will tell it to your emissaries."

"Thank you, my daughter. I have confidence in you. After the conquest, you will be able to return again to our palace and marry one of our young noblemen."

The wedding of the Aztec princess and the Zapotecan king was celebrated with great splendor and happiness in Juchitan, and the king felt that he was the happiest of all men.

Time passed, and the princess, little by little and with

much prudence, was gathering information on the secret fortifications.

One day, some emissaries from the Aztec king arrived and the princess told them, "Tell my father that I have not yet discovered what is most important to him, the secret of the poisoned arrows. Soon I shall send new information."

Time continued to pass and now the beautiful princess had discovered all the secrets that her father wished to know. But she had also discovered something else, something that had happened in her soul. She loved her husband and the Zapotecs with all her heart, and she knew that she would never be capable of deceiving them.

She could not bear it any longer, and she went running to find her husband. With true tears of love, she told him everything that had happened.

The young king, with affectionate words, forgave his wife who, from that day on, dedicated her life to her husband and to the Zapotecan people.

It is said that in gratitude for the loyalty of the princess, the young Zapotecan king sent some trees of white flowers as a gift to Ahuizolt. And now one can see this kind of tree in Tenochtitlan, the old capital of the Aztecs, today called Mexico City.

EXERCISES

A. **Finish each sentence with the correct word or phrase.**

1. Juchitan is now:
   (a) Oaxaca.
   (b) the capital of Mexico.
   (c) New Spain.

2. The trees of white flowers:
   (a) were very tall.
   (b) did not exist in Oaxaca.
   (c) could only be found in Oaxaca.

3. Ahuizolt was:
   (a) the king of the Aztecs.
   (b) the king of the Zapotecs.
   (c) the king of the Mayas.

4. The Zapotecs used arrows that were:
   (a) very long.
   (b) very sharp.
   (c) poisoned.

5. The princess made the trip on a road that was:
   (a) wide and wonderful.
   (b) protected by trees.
   (c) long and difficult.

6. The princess said that:
   (a) she had to return to her country.
   (b) she did not love Cosijoeza.
   (c) she did not want the trees of white flowers.

7. When she left, the Zapotecan king was filled with:
   (a) happiness.
   (b) deep sadness.
   (c) great wonder.

8. The emissaries of the Zapotecan king:
   (a) carried riches to be offered to Ahuizolt.
   (b) did not want to go to Tenochtitlan.
   (c) carried white flowers to the Aztec king.

9. The emissaries returned:
   (a) sad and tired.
   (b) filled with joy.
   (c) suspecting betrayal.

10. The wedding was celebrated:
    (a) at night.
    (b) inside a pyramid.
    (c) with great splendor and happiness.

B. Describe the following scenes in complete sentences using the words given.
1. The great Ahuizolt: wishes / trees / flowers / palace / gardens / canals.
2. The Aztec army: weary / journey / conquered / Zapotecan / warriors.
3. The princess: young woman / dressed / adorned / jewels.
4. The Aztec king said: mission / surprised / enemies / marriage / basis / peace / friendship.
5. The Aztec king to the princess: find out / secrets / army / fortifications / arrows.

C. Answer the following questions:
1. What was Oaxaca called in those days?
2. Who had favored the Zapotecs with the trees of white flowers?
3. What did the Aztec king want?
4. Who always paid good with evil?
5. Who won the battle?
6. Who agreed to help the Aztec king?
7. With whom did the princess leave the city?
8. Toward what place did they go?
9. Did the Zapotecan king fall in love?
10. Did the princess keep her secret?

D. What is the difference between:
1. principal and principle?
2. its and it's?
3. flower and flour?
4. there and their?
5. vain and vein?
6. arrows and errors?
7. weary and wiry?
8. prince and princess?
9. adorned and adored?
10. through and threw?

E. Write the synonym (word that has the same or almost the same meaning) of:
1. very big
2. chief
3. walk
4. to fight
5. plan
6. carry out
7. storm
8. riches
9. quickly
10. to leave
11. man
12. fool
13. divine
14. home

Somersault Street

The capital of New Spain (Mexico) was built in the style of the cities of Spain. In the center there was a square (or marketplace) and around it were the cathedral and the government offices. It was in this square, the *Plaza Mayor*[1] or Main Square, where the dramatic episode of this legend took place.

Near the Main Square there were streets with names which recalled some true or imaginary event. Thus, the street in front of the home of Don[2] Mendo had for a very long time the name of Somersault Street; and the nearby streets were called The Lost Child and The Sad Indian. Today, the names of the streets of Mexico City are shorter and less picturesque.

---

[1]Now it is called the *Zócalo* or Constitution Square.
[2]A title used before the first name of a Spanish nobleman or gentleman.

I n the first part of the eighteenth century, a Spaniard of noble blood took leave of his only relatives, a nephew and his nephew's little daughter, and left for the New World. After crossing the ocean, he came to what had been the splendid capital of Montezuma.[3] There he settled in an elegant mansion with many servants.

The Spaniard, Don Mendo Quiroga y Suárez, Marquis of Valle Salado, came with a great amount of money and recommendations to be presented to the viceroy. Thus, it was easy for him to find friends among the high government officials and the rich people of the capital. But because he was humble, generous, and compassionate, Don Mendo preferred to spend his days helping the poor and the sick instead of attending the parties of the rich.

One day Don Mendo, somewhat worried, went to visit his best friend, the Viceroy of New Spain.

"I have come to ask your advice, Don Rodrigo," said the Marquis.

"Speak freely, my friend. You know that you can trust me."

"Yes, I know, and I thank you for it. Well, I have just received news from Spain of the death of my nephew. May he rest in peace! Now, his young daughter, Paz, who is fifteen years old, is an orphan. Fortunately, her nanny, old Eulalia, takes good care of her. But what should I do?"

"I advise you to invite them to live in your home. What happiness the young lady will bring to your solemn mansion! There will be cheerful laughter, romantic serenades, parties, and dances."

"I agree. This very day I shall send her the invitation and the money for the trip and other expenses."

The niece accepted the invitation with pleasure. But she and her nanny did not arrive at their new home until the

---

[3]Emperor of the Aztecs when the Spaniards arrived in 1519.

Christmas season, which everyone celebrated with piñatas and *posadas*.[4]

Don Mendo gave a great ball to present his niece to the capital's high society. Everyone, including the uncle, was charmed by the beautiful young woman. She was tall and slender. Her eyes and hair were as black as the wings of a blackbird, her skin was very white, and she had aristocratic hands and feet. Truly, she was as gracious and beautiful as a spring day.

But in the following months, everyone noticed that in contrast with her physical beauty, Paz had an unpleasant personality. She was ungrateful, ill-mannered, and even proud.

"My dear niece," Don Mendo advised her, "you ought to be more courteous. Otherwise, you will have very few friends."

"I don't care. The people here are ignorant. I don't want their friendship," answered Paz.

The uncle was right. At the end of a year, Paz only had two friends left: her uncle and her nanny. In spite of her unpleasant personality, the two loved her greatly.

One day, a tragedy occurred in the great mansion. Don Mendo suddenly became very ill and died before sunset. Upon receiving the news, the whole city was saddened. All the people cried over the loss of their good friend.

In Don Mendo's mansion, the niece shed many fake tears with one of her beautiful eyes, while she had the other eye fixed on an old chest locked with a key. Paz knew very well that her uncle's will was kept there.

The day arrived when the notary was to come to the mansion. He opened the large chest with a key and took out Don Mendo's will. He read it very solemnly in the presence of Paz, the Viceroy, and other friends.

[4]Informal processions that are celebrated from December 16 to December 24. They commemorate Mary and Joseph's search for lodging in Bethlehem.

> I, Don Mendo Quiroga y Suárez, Marquis of Valle Sa-
> lado, leave all my property to my niece, Paz Quiroga,
> but...

"Yes, of course. I deserve everything," Paz interrupted rudely.

The lips of the notary showed an expressive smile while he was preparing to read the other part of the will.

> ...but on the condition that she pay for all the tor-
> ments that she made me suffer while I was alive; oth-
> erwise, all my assets will go to the Orders of Saint
> Francis and Mercedes, equally. The payment that I de-
> mand from my niece is this: dressed in a ball gown,
> she will go in an open carriage through the main
> streets of this capital; then, in the pavilion built in the
> center of the Main Square, she will lower her head and
> turn three somersaults in the presence of all the spec-
> tators who are assembled there. Otherwise, the inheri-
> tance will go to the religious orders.
> (Signed) The Marquis of Valle Salado

If a bomb had exploded at the feet of the proud young woman, it would not have had a greater effect than the reading of the last part of the will.

"Oh, no! What am I going to do?" shouted Paz, weeping sincerely this time. "I cannot do that."

"The decision is yours and . . . ," but the notary did not finish the sentence because the young woman ran out of the living room.

Remembering that "money means power and influence," Paz made her decision. So on a sunny morning when it seemed that there were millions of people in the Main Square, the niece got down from her elegant carriage and went over to the pavilion.

For a while, she looked at the people. She saw many of her uncle's friends. She saw the young men and women who had tried to be her friends. How serious they all seemed!

"Without a doubt, they have come to laugh at me,"

thought Paz. "But it does not matter. I will not see them again. After receiving my inheritance, I will leave for Spain."

Then, with trembling hands, the young woman picked up her long gowns, got down on her knees with her head on the floor of the pavilion and turned the first somersault.

She expected to hear laughter, but she did not hear any.

The young woman quickly turned her second somersault and then the third. Then she got up and ran toward her carriage. "Take me home right away," Paz ordered the coachman.

As she left, she could hear the shouts of the people. But, what were they saying? The young woman listened with surprise.

"Long live the niece! Long live our brave little friend!"

Paz heard those voices many times. She then wept inconsolably.

The following week, when the notary came to speak with the niece, she told him, "I wish to be worthy of my uncle, who was a saint. Therefore, please give the greater part of my inheritance to the Orders of Saint Francis and Mercedes. Furthermore, instead of going to Spain, I will remain here. I am going to help the nuns in the orphanage."

"Very well, I will obey your wishes," answered the notary with a happy smile. "Now I know that you are worthy of your uncle, who loved you so much."

In memory of this legend, the street in front of Don Mendo's mansion bore the name of Somersault Street for a very long time.

EXERCISES

A. Finish each sentence with the correct word or phrase.

1. The capital of New Spain was:
   (a) Madrid.
   (b) Mexico.
   (c) Havana.

2. *El Zócalo* in Mexico is:
   (a) the Main (Constitution) Square.
   (b) a tribe of Indians.
   (c) a somersault.

3. After crossing the ocean, Don Mendo came to:
   (a) the pyramids of Tenochtitlan.
   (b) what had been the splendid capital of Montezuma.
   (c) the region of Oaxaca.

4. Don Mendo preferred:
   (a) to help the poor and the sick.
   (b) to attend parties.
   (c) to associate with the rich people.

5. Paz was:
   (a) beautiful and aristocratic.
   (b) fat and ugly.
   (c) a blonde.

6. Upon receiving the news of Don Mendo's death:
   (a) everyone cried over the loss.
   (b) Paz opened the chest.
   (c) Paz left for Spain.

7. Paz did the somersaults:
   (a) joyfully.
   (b) with great agility.
   (c) with great shame.

8. The Mexicans:
   (a) hated Paz.
   (b) despised her.
   (c) wanted to be her friends.

9. The reading of the will:
   (a) made Paz cry.
   (b) gave Paz great joy.
   (c) never took place.

10. Paz wanted to give the greater part of her inheritance:
    (a) to her old nanny, Eulalia.
    (b) to the religious orders.
    (c) to the government to build a new pavilion.

B. Describe the following scenes in complete sentences using the words given.
   1. Paz: niece / tall / slender / eyes / hair / skin / hands / feet / ungrateful / proud.
   2. Don Mendo: humble / generous / rich / the poor / the sick / parties of the rich.
   3. The will: all my property / on the condition / pay for all the torments / to the religious orders.
   4. Paz: ball gown / open carriage / main streets / center / Main Square.
   5. Paz's somersault: trembling hands / long gowns / knees / head / floor.

C. Answer the following questions:
   1. What is the name of the Main Square of Mexico City?
   2. Where did Don Mendo come from?
   3. Whom did Don Mendo help with his money?
   4. Why did Paz come to Mexico?
   5. What was the name of Paz's nanny?
   6. How did Don Mendo present his niece, Paz, to the capital's high society?
   7. What did the people of the capital do when they heard of Don Mendo's death?
   8. Who read the will?
   9. At what time of day did Paz do her somersaults?
   10. What did the people shout after Paz's somersaults?

D. In this legend, what nouns do the following adjectives modify (describe)?
   1. picturesque
   2. romantic
   3. compassionate
   4. elegant
   5. worthy
   6. slender
   7. ill-mannered
   8. fake
   9. proud
   10. splendid

Slayer of Sharks

In the seventeenth century, Puerto Rico was under the control of Spain, which assigned it a governor and other important government officials.

The ships from Spain did not arrive very frequently, and when they finally came, the day was celebrated with great festivities.

This legend deals with the courage of a young man from Puerto Rico who, on one of those occasions, fought a shark even though he was without the protection of his medallion, which always had given him good luck.

I t was the hour of the afternoon nap, and the Port of
Aguada[1] seemed like an abandoned place. The rays of
the sun, a radiant and golden sun, warmed the beach.
A light breeze made the palm trees move rhythmically as if
they were dancing to the rhythm of the music that the waves
produced when they broke against the rocks.

Suddenly, a happy voice shouted, "Look! The ships!
There come the ships!"

Other voices echoed the news and in the twinkling of an
eye, there was great expectation and activity in the port.
Everyone, young and old, ran excitedly to the beach to
welcome the visitors.

A short time later, two galleons, on whose masts flew the
flag of Spain, were anchored in the beautiful bay of Aguada,
where Christopher Columbus had disembarked on his second visit to the New World in 1493. Here they would stop
two or three days in order to obtain provisions and fresh
water before continuing their voyage to Veracruz. Here, the
passengers and sailors would enjoy festivities celebrated in
their honor.

That same night, there was a great banquet honoring the
governor, who at that time was visiting the port, and also
the two most distinguished passengers: the Viceroy of New
Spain[2] and the Bishop of Puebla.[3]

During the meal, the Viceroy said, "Gentlemen, what has
most attracted my attention on this long journey from Spain
has been a horrible fish. We have seen it in the water near
your beautiful island. It is the shark. It measures five meters
or more in length. In its tremendous mouth it has several
rows of teeth. What a dangerous monster!"

"Well, Viceroy, here in Aguada there is an Indian named
Rufino, who always fights successfully against the sharks,"
answered the Lieutenant of War.

[1]Town in northwest Puerto Rico.
[2]Mexico.
[3]City in Mexico.

"What are you saying, my friend?" exclaimed the very surprised Viceroy.

"Yes, this brave Indian, the best fisherman of our port, fights one on one and always with a successful outcome."

"Well, please bring him here. I wish to ask him to fight a shark tomorrow."

The lieutenant obeyed and soon Rufino arrived.

He was a kind and intelligent young man, about twenty years old, short, with wide shoulders, and strong arms and legs. Although he was called "Indian," at a mere glance one could see in him the mixture of the three races of the island: Indian, European, and African.

"Do you wish to speak with me, Lieutenant?" asked Rufino with courtesy and dignity.

"Yes, Rufino. Our noble guests wish to see you fight a shark. Do you want to do it?"

"No, sir."

"Why not?"

"Because I do not have the medallion of Our Lady of Carmen that my fiancée María gave to me."

"Where is the medallion?"

"I have lost it."

"I'll give you eight *pesos* if you fight a shark tomorrow in the presence of the Viceroy and the Bishop, who are leaving for New Spain very soon."

"I can't. I would have bad luck without my medallion."

Rufino was introduced to the Viceroy, who treated him with great affection and told him, "I am glad to speak with you, brave young man. If you fight a shark tomorrow, I will give you an ounce of Spanish gold."

Rufino remained thoughtful. Although he needed the money to escape poverty, he was afraid of fighting without the precious medallion that he always carried with him when he went out to sea.

"Speak, Rufino," said the lieutenant.

"Very well, I will fight tomorrow," he answered without enthusiasm. And he left sadly for home.

That night, upset and nervous, Rufino did not get much rest. Very early the next morning, he took his sharp fighting dagger and went to the beach where the visitors and towns-people had already gathered.

"Long live Rufino! Long live our brave friend!" shouted the people.

Although worried, Rufino smiled and waved his hand. Heading for the shore, he looked at the horizon with his hand placed like a visor on his forehead. The sea was like a sheet of steel, smooth and clear. The galleons displayed the beautiful flags from Spain and their attractive streamers, while in the distance, fishing boats could be seen returning to the port with their catch.

A few minutes later, Rufino saw the black fin of a shark in the waves. The young man's eyes shone with courage from the desire to fight the wild beast, and he ran at full speed to the edge of the pier. He took off his shirt and threw it on the sand, and with the dagger in his hand, he hurled himself impetuously into the sea while the people applauded him with enthusiasm.

Suddenly, the fin of the fish disappeared and Rufino went under. The water was moving convulsively. Beneath the surface, a terrible struggle was going on.

Shortly afterwards, daring Rufino appeared over the waves and he could be seen swimming hurriedly toward land. When he reached the beach, he fell down pale and weary, with one leg injured and his mouth covered with blood. Poor Rufino! The pain was very sharp.

"Without my medallion, everything has come out badly for me," the young man lamented to the people who came and surrounded him. "When the shark injured me, I did not have enough strength to kill him."

"Well, look, Rufino! There it is! You killed it!" shouted the crowd happily.

When he sat up, in the midst of his pain, Rufino realized that he had indeed triumphed. On the surface of the water the horrible animal was floating with its dreadful mouth open, its life gone.

The Viceroy approached Rufino and, putting his hand on the head of the victorious slayer, said, "Here you have the ounce of Spanish gold which I promised you. Although you are brave, Rufino, I hope that you will never again repeat such a terrible fight."

The lieutenant added more *pesos* and in a short time, Rufino's cap was full of money. Even the sailors from the galleons who had witnessed the brave combat contributed all kinds of money.

That night Rufino was talking with his fiancée, María, while he was happily counting the money that he had received for his courageous work.

"Do you realize, my dear, that now we are rich? Now we can marry when we wish."

"Yes, Rufino. I am the happiest girl in all of Puerto Rico! And the best thing of all is that now you do not have to risk your life trying to kill sharks, just to receive some money. And do you realize also, dear Rufino, that you did it alone, without the power of the medallion? You are wonderful and I love you so much!"

"And I love you, María. But what is this? María, look!"

"What, Rufino? What is it?"

"It's the medallion that you gave me. Someone put it in the cap with the money that they gave me."

And so Rufino and María had everything they wished for in life. The next day, the visitors to the village, accompanied by their Puerto Rican friends, attended mass before embarking for New Spain. When the sacred ceremony ended with prayers for the safety of the travelers, the priest announced to the congregation that all were going to have the pleasure of witnessing the marriage of a very dear couple, María and Rufino, the slayer of sharks.

And everyone celebrated the pleasant surprise. They were married that day, and they lived happily ever after.

EXERCISES

A. Finish each sentence with the correct word or phrase.
1. Everyone ran to the beach to:
   (a) fish.
   (b) welcome the visitors.
   (c) enjoy the water.

2. Two Spanish galleons:
   (a) were anchored in the bay.
   (b) could not reach the port.
   (c) raised pirate flags.

3. The viceroy looked in the water and saw:
   (a) a mermaid.
   (b) several Indians who were swimming.
   (c) a horrible fish.

4. The interesting thing about Rufino was that he:
   (a) fought sharks one on one.
   (b) was very tall.
   (c) did not know how to swim.

5. The viceroy offered Rufino:
   (a) a noble title.
   (b) a trip to Spain.
   (c) Spanish gold.

6. Rufino was afraid to fight without his:
   (a) pistol.
   (b) precious medallion.
   (c) friends.

7. When Rufino reached the beach, he:
   (a) returned to his home.
   (b) greeted all the people.
   (c) fell down, pale and weary.

8. On the surface of the water:
   (a) the horrible animal was floating.
   (b) you could see the sun's reflection.
   (c) the people were swimming.

9. The people placed the money for Rufino:
   (a) in his cap.
   (b) in the bank.
   (c) in the mouth of the shark.

10. "You are wonderful:
   (a) but I do not love you."
   (b) but you should be in a circus."
   (c) and I love you very much."

B. **Describe the following scenes in complete sentences using the words given.**
   1. The viceroy's announcement during the meal: attracted / attention / journey / horrible / fish / shark.
   2. Rufino was: young / intelligent / short / wide / strong.
   3. The viceroy says to Rufino: fight / shark / I will give / ounce / Spanish.
   4. The sea: sheet / clear / galleons / distance / boats / port.
   5. The fight: disappeared / fin / went under / water / was moving / beneath / terrible.

C. **Answer the following questions:**
   1. Where did this legend take place?
   2. Where did the flags of Spain fly?
   3. How many days would the galleons stop in Aguada?
   4. What did they celebrate that night?
   5. Why was Rufino so famous?
   6. Who was the best fisherman?
   7. Who was the person that Rufino wanted to marry?
   8. Why didn't Rufino want to fight the shark?
   9. Where did he later find his medallion?
   10. What was floating on the surface of the water?

D. **What is the meaning of each of these words or phrases in English?**
   1. in the twinkling of an eye
   2. galleon
   3. provisions
   4. at a mere glance
   5. escape poverty
   6. medallion
   7. impetuously
   8. convulsively
   9. witness
   10. slayer

The Diamond Ring

In the sixteenth century, the Caribbean was threatened very often by cruel pirates who robbed everything they could from the numerous ships that passed through. One of the most feared pirates was Drake who, with his companions, tried to destroy the capital of the beautiful island of Puerto Rico, thus hoping to rob the riches from some Spanish ships.

This legend is based on historical facts: it deals with a poor soldier who was in love with a beautiful young woman and the role he played in the overthrow of the pirates.

The young soldier, whistling an out-of-tune love song, knocked at the door of a pretty home near the fortress of San Juan.[1]

"Good afternoon, Gloria," said the youth to the servant who opened the door. "Are Aunt Brianda and Mónica at home?"

"Yes, Don Juan. Come in. They are busy making lace for the altar cloths of the cathedral."

"Thank you," answered the visitor, who entered the living room with a martial step. When the cordial greetings were over, he sat down next to his girlfriend, Mónica.

After admiring the beautiful lace and chatting a bit, Juan looked at his girlfriend affectionately and asked her, "If you are not too busy, Mónica, can you entertain us for a while with your guitar and your songs?"

"And what would you like me to play, Juanillo?"

"Well, the 'Triumphant Entry of Don Gonzalo de Córdova into Naples.'[2] I like to hear the way you imitate the bugles and drums."

"But you always ask for the same thing!"

"That's only the beginning. Later, you and I will sing the verses together."

"Stop it! You may be a good gunner, but as a singer, you haven't a clue."

"On the other hand, your voice is marvelous and it delights me like the incense in the cathedral. And the guitar in your hands reaches my soul."

"Flatterer! No more compliments!"

"I swear to you by the Virgin. And also, let me tell you that last night I dreamed that I had given you a most beautiful diamond ring as a wedding gift. And in my dream we were married in the cathedral and after the ceremony we

---

[1]Capital of Puerto Rico.
[2]Spanish general of the fifteenth century.

served refreshments to our friends in the patio, under the shade of the trees."

"May God hear you, Juanillo. A diamond ring! Only a week ago you told me that you, the best gunner, were the poorest in the fortress."

"I am, my dear, but no one is excluded from God's help. Through some miracle, we will get married and I will give you a ring because I love you with all my heart."

Mónica was a very pretty girl, always happy, lively, and a little mischievous. She had a charming smile, and her voice was as melodious as the music of her guitar or the chime of small bells. An orphan since childhood, she had lived with her good and wise aunt whom she loved as if she were her mother. Although she amused herself flirting with Juan, Mónica loved him with all the fervor of her soul.

And Juanillo (Juan Alonso Tejadillo) deserved his girlfriend's love. He was a handsome Andalusian[3] around twenty-three years of age, hardworking, honest, and fond of adventures. He decided voluntarily to come to the Americas. So he enlisted in Cadiz in the army of his king, Phillip II,[4] and a year later he and his companions disembarked on the beautiful beaches of Puerto Rico, or Borinquen as the Indians called it. In Spain and in his new land, Juan so took to heart the teachings of his officers that he came to master the cannon. He was truly unequaled on the island.

One night, a few months after Juan's visit with his girlfriend, the governor was informed that a dreadful enemy with a fleet of twenty-six ships was approaching the Port of San Juan. He immediately put the entire city in a state of defense. Drums and bugles were sounded to signal the danger and to order the troops to come to arms. The bridge of San Antonio was cut. An edict was proclaimed telling the

---

[3]From the region of Andalusia, in southern Spain.
[4]One of the most famous kings of Spain (1527–1598).

women, children, and the old to abandon the city, leaving only the able men for its defense.

"What has happened? Is it possible that the pirate Drake, who has spread terror everywhere, has arrived at our port?" asked Aunt Brianda while she, Mónica, and the servant were hurrying in the darkness toward the home of a relative who lived in the next village.

"I don't think so, Aunt," Mónica answered. "Juanillo told me that this cruel pirate, after completely conquering and plundering Santo Domingo and later Cartagena in Colombia, has set sail for London with a booty valued at more than three million *ducados.*"[5]

Juanillo was not mistaken. Drake, the most powerful of the pirates in that period, was sailing on his way to England, until he received information that the head ship of the Spanish fleet, anchored in the Port of San Juan, was carrying a cargo of two million *ducados* in gold and silver.

As soon as Drake heard these words, he set sail toward San Juan, in spite of the objections of his captains, one of whom was John Hawkins, Drake's relative and teacher.

The great pirate became angry and shouted, "Let's go to Puerto Rico and rob those stupid *borinqueños*[6] in no time at all."

When he arrived in San Juan, Drake took advantage of the intense darkness of the night and attacked the port with twenty-five well-equipped boats. In spite of the cannonballs which were fired from land, the pirates set fire to the *Magdalena,* a warship of His Majesty,[7] which had just entered the port.

Immediately, the bay was illuminated by the frigate in flames, and it was because of this light that the artillery was able to see and destroy most of the English ships.

[5]Coin used at that time.
[6]Puerto Ricans.
[7]The king of Spain.

And what was Juanillo doing during this combat? As the first gunner of the fortress, he was in charge of the operation and care of the best and largest cannon, a gift from the king of Spain. By the light of the fire, the young man could see the head ship near the entrance of the port, and he clearly noticed the light from a small window in the stern. The gunner carefully aimed his cannon toward that little light. Then, making the sign of the cross and calling upon the apostle James,[8] he fired the weapon without hesitating.

The unexpected shot entered the dining room of the ship and killed John Hawkins and other Englishmen who were having refreshments and laughing at the stupidity of the Puerto Rican defenders.

Drake, saddened by the death of Hawkins and surprised by the obstinate resistance of the people of Puerto Rico, weighed anchor on the following day and sailed toward England.

The governor of Puerto Rico, excited over the defeat of the enemy, gave the gunner Juan Alonso Tejadillo "a diamond ring and a money purse for the fine way in which he had served His Majesty on that occasion and for having killed Juan de Aquines."[9] Thus states the chronicle.

One year later, when Juan had completed his service in the army, he and Mónica were married in the cathedral, and as a wedding ring, she received the precious diamond ring. After the ceremony, the bride and groom served refreshments in the patio of the cathedral to their friends, who included the governor, other Spanish officials, and almost all the inhabitants of the capital.

And so the dream of Juanillo, the best gunner on the beautiful island of Puerto Rico, was fulfilled.

[8]Patron saint of Spain.
[9]John Hawkins.

EXERCISES

A. Finish each sentence with the correct word or phrase.

1. In the sixteenth century, the Caribbean was threatened by:
   (a) destructive hurricanes.
   (b) cruel pirates.
   (c) beautiful women.

2. Aunt Brianda and Mónica were busy:
   (a) cooking.
   (b) reading.
   (c) making lace.

3. Mónica also knew how to play:
   (a) the guitar.
   (b) the harp.
   (c) the flute.

4. Don Juan was a good gunner, but he did not know how to:
   (a) speak Spanish.
   (b) ride horses.
   (c) sing.

5. Don Juan dreamed:
   (a) that he had married Mónica.
   (b) about angels.
   (c) about a snake.

6. When he was informed that a dreadful enemy fleet was approaching:
   (a) the governor ran away.
   (b) the governor informed Juan.
   (c) the governor put the city in a state of defense.

7. It was believed that Drake:
   (a) had set sail for London.
   (b) continued plundering cities.
   (c) had died.

8. John Hawkins was:
   (a) the governor.
   (b) Drake's relative and teacher.
   (c) leader of the *borinqueños*.

9. The *Magdalena* was:
   (a) a beautiful woman.
   (b) a hotel.
   (c) a frigate or warship.

10. The governor gave Juan:
    (a) a diamond ring and a money purse.
    (b) a new cannon.
    (c) a guitar for Mónica.

B. Describe the following scenes in complete sentences using the words given.
1. Mónica: pretty / happy / lively / mischievous / smile / voice / orphan.
2. Juan: handsome / Andalusian / hardworking / enlisted / disembarked / master / cannon.
3. The governor: state of defense / bugles / troops / come to arms / cut / edict.
4. The pirates: took advantage / darkness / attacked / well-equipped / boats / set fire.
5. The gunner Juan: in charge / cannon / light / fire / could see / entrance / aimed / fired.

C. Answer the following questions:
1. Who knocked at the door of Mónica's house?
2. Who knew how to imitate bugles and drums?
3. What did Juan dream?
4. What was the name of Mónica's aunt?
5. From which part of Spain did Juan come?
6. Why did Drake sail toward San Juan?
7. Who set fire to the *Magdalena*?
8. Where did Drake go after the battle?
9. Where were Juan and Mónica married?
10. What was her wedding ring?

D. What noun or adjective is related to these infinitives (for example, to heat → hot)?

1. to create	6. to believe	11. to enter
2. to sing	7. to see	12. to enjoy
3. to think	8. to rely	13. to explore
4. to give	9. to navigate	14. to travel
5. to govern	10. to investigate	15. to get dark

The Inheritance

The Franciscans[1] came to the New World with the *conquistadores,* and for over two centuries they accompanied them through the American continents. After learning the native languages, these noble and good missionaries dedicated their lives to converting the Indians to Christianity, defending them from the injustices of the Spaniards, and teaching them arts, useful occupations, and new methods of cultivating their crops. The Franciscans also established missions, schools, universities, orphanages, and other humanitarian institutions.

Near the *Zocalo*[2] in Mexico City, they constructed buildings that extended over an area of two blocks. Here, the first school on the continent was founded. A short time after its foundation (1522), nearly a thousand students had received religious and civil instruction. In this center there were houses, chapels, a church, and a huge convent, the setting of our legend, which takes place during the first years of the eighteenth century. Today, all the buildings have disappeared, except the church of San Francisco.

---

[1]Monks of the order of Saint Francis.
[2]Central square.

I t was midnight, and the bell of the convent of San Francisco in the capital of Mexico was ringing to announce the matins.[3] The priests were leaving their cells and silently entering the chapel lit by the flickering light of the candles that were burning on the altar, a light that threw strange shadows on the walls, creating a fantastic world. The guardian priest, Brother Lucas, remained near the door until everyone was in his place. Then he sat down in his seat.

The sacred prayer commenced with the reading of the Psalms.[4] Suddenly, the door opened and an unknown brother entered with his pointed hood pulled over his face. He walked to the center of the chapel, knelt down, and there he remained praying until all the friars, having finished their prayers, returned to their cells, except Brother Lucas.

Finally, the stranger got up. With his head bowed and his hands crossed upon his chest and hidden under his wide sleeves, he went slowly toward the door where he met Brother Lucas, the guardian priest.

"Welcome, brother. What province do you come from? From Jalisco or from Oaxaca?" asked Brother Lucas.

The stranger stopped and remained silent.

Brother Lucas repeated the question and, at the same time, raised the candle which he held in his hand toward the face of the new friar. But his eyes opened wide with amazement while he felt his legs grow weak—the flickering flame weakly illuminated a yellow skull!

After some moments, which seemed eternal to Brother Lucas, a deep voice said, "Do not be afraid, Brother Lucas. You must know that in this world I was Brother Bernardino de Ypes, also a guardian of this monastery, like you."

"Oh yes, brother," replied Brother Lucas, somewhat more

[3]First prayers of the day.
[4]A section of the Bible.

calmly. "I have seen your name several times in the register of the monastery."

The skull continued, "Once, when I was the guardian of this convent, a man who lived in San Luis Potosi came here. His name was Don Francisco Balandrano. He had come to the capital to pick up a large inheritance that a rich relative had left him. But, because of an Indian revolt near his home, he was afraid of carrying this fortune with him."

"It's only natural," observed Brother Lucas.

"He begged me to keep that treasure in the convent for him until there was peace in his region. Then he would return or send a trustworthy person to pick up his property."

"And what did you do, brother?" asked Friar Lucas, who already had forgotten that he was speaking with a ghost.

"I gave him permission to leave his inheritance here, and that same afternoon, before starting out for his home, he brought it here. There were a great many sacks filled with gold and silver. No one in the monastery, except the Father Superior, knew about this."

"What did you do with the treasure, Friar Bernardino?"

"Well," continued the ghost, "we carried the sacks to our small library. There, underneath the large picture of the Virgin, we raised the flagstones from the floor and dug a hole and buried the treasure. Time passed and when the father and I died, the secret went to the tomb with us."

"Then," asked Brother Lucas, "the inheritance is still hidden?"

"That's right, but the moment has arrived to remove it by the light of day, and you, Brother Lucas, are going to be the one in charge of doing it."

"Yes, yes, I will remove it, but what am I going to do with it? Should I share it with the poor? You know very well our vow of poverty."

"Be patient and I will explain to you what you should do. Juan Balandrano, the honest and good son of Don Francisco, is in jail in Mexico City. He is the legitimate heir of the inheritance buried here. Please do me the favor of delivering it to him."

Brother Lucas was perplexed, doubtful. He wished to learn more about those mysterious events, but noticing that the ghost was about to leave, he answered, "Yes, Friar Bernardino, I will carry out your wishes."

Once this was said, the tall skeleton again crossed his bony hands, bowed his hooded skull and, walking slowly, he passed by the chapel door until he was lost among the shadows of the cloister.

The following morning, Friar Lucas hurried to tell the Father Superior everything that had happened in the chapel.

"Truly, it seems to be a miracle, but let's go to the library to take out the treasure."

No sooner said than done. In the place indicated by the ghost, they found the sacks.

Immediately, Friar Lucas, carrying a sack full of gold, went to the jail to carry out the promise made to Friar Bernardino. But how did Friar Bernardino know that Don Juan Balandrano was in jail or that he was the legitimate heir? It was a great mystery!

When he arrived at his destination, Friar Lucas was taken to a small waiting room. A few minutes later, the sound of steps in the silent, dark corridors announced the arrival of a young man accompanied by the jailer. Both sat down next to the friar.

"Are you Don Juan Balandrano, son of Don Francisco?"

"Yes, Father, I am," responded the perplexed young man.

"Do not be afraid. I am Friar Lucas of the Franciscan convent."

"Were you a friend of my father? May he rest in peace!"

"No, I did not know him, but I have an inheritance for you that he left in the convent the last time that he was here in the capital."

Don Juan could not recover from his surprise; the last

words of the friar brought to his memory what he had heard so many times. His father was returning home when the Indians killed him, and so Juan was orphaned at the age of two.

During the next eighteen years, his dishonest guardians had squandered his fortune; and now, burdened by debts that he could not pay, his creditors had put him in jail. Everything had gone against him, and now he could not believe that this friar would come to his aid.

"Oh, Father, please explain everything to me!" sobbed the young man, filled with gratitude.

"It is a long story which I will tell you later," answered the priest, putting a kind hand upon the head of the young man. "What is important at this moment is that you use this sack of gold to pay your creditors. Then, leave this place and go to the monastery to pick up the rest of the treasure. Goodbye, Juan."

"Goodbye, Father. May God bless you!"

As soon as Don Juan was free, he hurried to visit the Franciscan convent. When he found out about everything that had happened, he thanked God and the friars, who had carried out the wish of Brother Bernardino. After praying in the chapel, he left the convent and went to San Luis Potosi. In the following months, he shared among the poor of his region a good part of that inheritance which had come to his hands so marvelously.

Since then, the young man has visited the convent every year on the anniversary of the miraculous appearance of Friar Bernardino, the good Franciscan who returned to this world in order to fulfill his obligation of giving the inheritance to the Balandrano family.

EXERCISES

A. Finish each sentence with the correct word or phrase.

1. Brother Lucas:
   (a) stayed in his cell.
   (b) sat down in his seat.
   (c) sat on the floor.

2. The unknown brother:
   (a) entered and knelt down.
   (b) stayed outside.
   (c) entered and began to preach.

3. The face of the new monk was:
   (a) serious and handsome.
   (b) fat and ruddy.
   (c) a yellow skull.

4. Don Francisco could not carry the inheritance from the capital because of:
   (a) an Indian revolt.
   (b) the revolution.
   (c) a bad storm.

5. The treasure was hidden:
   (a) under the flagstones.
   (b) in the garden.
   (c) in the tomb.

6. The son of Don Francisco:
   (a) was not an orphan.
   (b) was in jail.
   (c) lived in a convent.

7. Friar Lucas took to Don Juan:
   (a) a box of silver coins.
   (b) a key.
   (c) a sack full of gold.

8. The dishonest guardians had:
   (a) sailed for Spain.
   (b) squandered his fortune.
   (c) kept all of the money.

9. As soon as Don Juan was free:
   (a) he visited the convent.
   (b) he began to shout.
   (c) he disappeared.

10. Don Juan shared a good part of his inheritance:
    (a) with the prisoners.
    (b) with the friars.
    (c) with the poor.

B. **Describe the following scenes in complete sentences using the words given.**
    1. An unknown brother: hood / pulled / face / walked / center / chapel / knelt down / praying.
    2. When Friar Lucas saw the face of the new friar: eyes / opened / amazement / felt / legs / grow weak / flame / illuminated / skull.
    3. The treasure: underneath / picture / Virgin / flagstones / dug / buried.
    4. Juan Balandrano: jail / legitimate / heir / inheritance / favor of delivering it to him.
    5. As soon as Don Juan was free: hurried / to visit / Franciscan / thanked God / friars / carried out / wish.

C. **Answer the following questions:**
    1. At what time did they ring the bell to announce matins?
    2. What was the name of the guardian priest?
    3. After entering the chapel, what did the unknown brother do?
    4. What did the flame show the face of the unknown brother to be?
    5. Why did they hide the treasure?
    6. Where did they hide the treasure?
    7. Who took a vow of poverty?
    8. How did Don Juan's father die?
    9. How was Don Juan able to pay his creditors?
    10. With whom did Don Juan share a good part of his inheritance?

D. **Choose the seven words that are necessary to write a good summary of this legend.**

1. night	5. Indians	9. debt
2. candle	6. guardian priest	10. convent
3. ghost	7. jail	11. poverty
4. inheritance	8. prayers	12. heir

E. **Name the parts of the human body that begin with the following letters:**

1. f	5. t	9. n
2. s	6. l	10. w
3. b	7. e	11. h
4. a	8. k	12. c

The Origin of the Nopal Cactus

The nopal is one of the best known plants of America, but it is said that Mexico is without a doubt the country where it most abounds. This beautiful plant, with its oval green leaves and red flowers, was on the Aztec shield and later on the shield of the Republic of Mexico.

By the year 1519, when the Spaniards arrived in the valley of Mexico, the Aztecs had already become a powerful nation. In spite of some cruel aspects of their religion, the Aztecs were not savages. Their city of Tenochtitlan, one of the most beautiful in the world, had temples, schools, hospitals, palaces, parks, and zoos. There were strict rules for the youth. Some rules were to obey and honor one's parents, to respect and obey the gods, to be honest, to tell the truth, and not to eat too quickly at the table.

Once a tribe of Indians, the Aztecs, lived in the north of Mexico. Around the year 800 A.D., their gods told them, "Go to the south where you will find a larger and more beautiful land than the one which you inhabit here. There, you will see a beautiful eagle sitting on an unknown plant. The bird will have a serpent in its beak. In that place, build a great city."

Obeying the commands of their gods, the Aztecs left their lands and headed south.

The journey was long and difficult and lasted many centuries. Finally, in the year 1300, the first Aztecs arrived at the great valley of Mexico, which was surrounded by high mountains. In the center was Lake Texcoco with its large and small islands.

"This is our land," announced the high priest. "Here we will live until our gods show us, by means of a sign, where we are to build our great city."

All the land around the lake was occupied by many other peaceful and industrious tribes. For that reason, the new arrivals had to establish themselves on one of the large islands on the lake.

With the Aztecs had come their god of war, Huitzilopochtli. They honored him more than the other gods, although he was a tyrant without compassion. Every day he demanded offerings of human hearts. Therefore, the Aztecs waged ceaseless wars with the sole objective of taking prisoners destined for sacrifice. So it was that the travelers had hardly reached their new land when the cruel god began to shout, "Let's fight our neighbors! I cannot live without blood and death!"

The Aztecs, always faithful to their gods, hurried to obey the terrible mandates of their favorite god. Day after day, there were battles between them and their neighbors who had previously lived in peace and contentment.

Far away in the north lived the god's good sister with her

husband and their little son, Copil. They belonged to a peaceful tribe. Those good people felt horror upon learning of the suffering caused by the god.

"When I am older, I am going to take my uncle prisoner so he cannot cause so much suffering," the child Copil used to say.

"You cannot do it, little son. Your uncle is cruel and powerful," the father used to explain.

Nevertheless, in the heart of the child, day after day, the desire was growing to meet the god.

Many more years passed. Finally the day arrived when Copil became a brave and handsome young man with an athletic body. He was skilled in hunting and fishing. Like his father, the chief, Copil was good and intelligent.

Believing that the time had come when he was to meet his uncle, Copil set out toward the valley of Mexico with a thousand men of his tribe. Each one carried a shield and *macana*, a wooden weapon generally edged with a sharp flint. Each one wanted to help Copil carry out his plans.

Passing through rivers, plains, and mountains, the travelers finally arrived at the woods that surrounded Lake Texcoco. In the distance they saw the island where the Aztecs lived with their god.

"Tonight we will rest here in the woods so that their god will not know about our arrival," Copil announced to his companions. "Then, tomorrow, before sunrise, we will carry out our plans."

Poor Copil! He did not know that through spies, his uncle had received news of his arrival and his intentions. Thus, filled with anger, the god gathered his three priests and gave them this terrible mandate.

"Take out Copil's heart and bring it to me as an offering."

The priests waited until midnight when the darkness of night came over the earth. Then they left the island in their canoe and silently crossed the waters of the dark lake. After leaping to land, they headed for the place where they hoped to find Copil. Soon they saw him sleeping with his companions, all weary from their long journey.

Advancing noiselessly, the priests approached Copil.

"How brave and noble is our god's nephew! If only he could be one of our warriors!" said the youngest priest in a low voice.

Without paying attention to these words, the high priest took from his belt a sharp stone knife which he had used to kill hundreds of victims. With a single blow, he split open Copil's chest, put in his hand, and pulled out the beating heart. Silently, the three returned to the island with the bloody offering.

"What do you want to do with your nephew's heart?" asked the high priest.

"Do you see that island covered with large rocks?" answered the god, pointing to the center of the lake. "Bury Copil's heart there among the rocks and weeds."

The priests obeyed, with the aid of their servants.

The next morning, looking toward the island, the god gave a shout of surprise. Calling the three priests to his side, he asked, "What is that green plant with red flowers that is growing in the place where Copil's heart was buried? Who can explain it to me?"

For a long time there was silence. Then the high priest, who was the oldest, spoke.

"That plant, called nopal, a kind of cactus, has grown from the heart of your nephew. Like him, it has strength and beauty. Henceforth, through all centuries, it will be a remembrance of that noble and brave young man."

Suddenly, the valley became as dark as a night without moon or stars, and a terrible wind passed through the land. From the clouds the voice of Huitzilopochtli was heard. It was a voice as loud as thunder.

"The prophecy of the gods is fulfilled. Therefore, I have returned to my dwelling in the sky. From here I will guide the destiny of my people. Remember that with human sacrifices on the altars, you can rule the valley and the distant regions."

When these words ended, the sun shone and the wind ceased. In the place where the god had been, the priests saw something strange. It was a small image of Huitzilopochtli.

Some days later, the Aztecs received the long-awaited sign. On a branch of the new cactus plant, the nopal, they saw an eagle with a serpent in its beak. Now they knew that they had to build their great city in this place. They did this, calling it Tenochtitlan, in honor of Tenoch, the high priest. Now the city is called Mexico City.

EXERCISES

A. Finish each sentence with the correct word or phrase.
1. The eagle in the legend was eating:
   (a) a nopal leaf.
   (b) a flower.
   (c) a serpent.

2. Tenochtitlan was the name:
   (a) of the god of war.
   (b) of the city of Mexico.
   (c) of the Aztec emperor.

3. The Aztecs established themselves:
   (a) on an island on Lake Texcoco.
   (b) on the shore of the great lake.
   (c) among the volcanoes.

4. The Aztecs sacrificed their prisoners in order to offer their god:
   (a) the beating heart.
   (b) the blood.
   (c) the head.

5. The Aztecs opened their victims' chests with a knife made of:
   (a) wood.
   (b) iron.
   (c) stone.

6. Copil is a hero because he was:
   (a) good and intelligent.
   (b) bad and vengeful.
   (c) cruel and powerful.

7. The priests crossed the lake:
   (a) swimming.
   (b) in their canoe.
   (c) on land.

8. They buried the heart of Copil:
   (a) in the lake.
   (b) under a tree.
   (c) among the rocks and weeds.

9. The plant that grew had flowers that were:
   (a) yellow.
   (b) red.
   (c) blue.

10. The Aztecs built their city in the lake because:
   (a) they saw an eagle with a serpent in its beak, perched on a nopal plant.
   (b) it was a good place and offered protection from their enemies.
   (c) they found good fishing there.

B. Describe the following scenes in complete sentences using the words given.

1. Copil: peaceful tribe / nephew of Huitzilopochtli / brave / handsome / young man / athletic body / skilled / noble.
2. Huitzilopochtli: god of war / demanded offerings / human hearts / let's fight / neighbors.
3. The Aztecs: faithful / obey mandates / battles / received the sign / build their great city.
4. The high priest: took a sharp stone knife / split open chest / pulled out the beating heart.
5. Nopal: oval green leaves / red flowers / eagle / serpent / beak.

C. Answer the following questions:
1. Where is the nopal best known?
2. Were the Aztecs savages?
3. In what year did the first Aztecs come to the valley of Mexico?
4. What was the name of the lake in the valley of Mexico?
5. What was Copil's tribe like?
6. How many men did Copil take with him on his trip to the south?
7. Where did they rest when they arrived at the lake?
8. Who killed Copil?
9. What did they do with Copil's heart?
10. According to the legend, from what did the nopal grow?

D. Indicate the infinitive that corresponds to each of the following words:

1. abundance	8. faith	15. wisdom
2. sign	9. advertisement	16. package
3. powerful	10. construction	17. bright
4. collection	11. building	18. servant
5. commandment	12. painting	19. obedience
6. vision	13. exit	20. sharp
7. gathering	14. dark	21. companion

E. Remembering who, what, and places you have seen while studying all of the legends in this book, match the description in the second column with the person or place in the first column.

1. Tenochtitlan	a. Greek island
2. Bolivar	b. astronaut
3. Zócalo	c. Peruvian author and historian
4. Tunja	d. region in southern Spain
5. Carlos I	e. bay in Puerto Rico
6. Oaxaca	f. liberator
7. Ricardo Palma	g. Main Square in Mexico
8. Mr. Toad	h. Venezuelan island
9. Margarita	i. king of Spain
10. Aguada	j. ancient city of Colombia
11. Ahuizolt	k. a state of Mexico
12. Guaranis	l. South American Indians
13. Crete	m. Aztec king
14. Andalusia	n. capital of the Aztecs

English-Spanish Vocabulary

A

a little while later al poco tiempo
abandon abandonar
accumulate acumular
accuse acusar
adventurous aventurero
advise aconsejar
affectionately con cariño
age edad (f.)
agony agonía
allow one's anger to show dar seña
de enojo
amazement estupor
amuse divertir
amusing divertido
ancestor antepasado
anchored anclado
ancient antiguo
annoyance molestia
anonymously anónimamente
answer (v.) contestar
anxiety ansiedad (f.)
anxiously con ansiedad
apostle apóstol (m.)
appearance apariencia
applaud aplaudir
approach (v.) aproximarse
Arabian horses caballos árabes
armor armadura
as a result a consecuencia
as poor as a rat tan pelado como
una rata
ask pedir, preguntar
asleep dormido
astonished asombrado
astronaut astronauta (m. & f.)
astute astuto
at a mere glance a simple vista
authority autoridad (f.)
awaken despertar

B

ball baile (m.)
bankruptcy bancarrota

banquet banquete (m.)
basis base (f.)
be afraid temer
be angry enojarse
be careful tener cuidado
be carried ser llevado
be hungry tener hambre
be missing faltar
be saddened ponerse triste
be supposed to deber
beach playa
bear it any longer resistir más
beast fiera
beating heart corazón palpitante
beauty belleza
become seasick marearse
beg pedir
begin empezar
behave well portarse bien
beloved querido
belt cinto
benefit provecho
bewildered perplejo
bitterly amargamente, sin consuelo
blanket sarape (m.)
blind (v.) herir (los ojos)
blood sangre (f.)
boat barco
booty botín (m.)
born nacer
bother (v.) molestar
bought comprado
bouquet ramo
branch rama
brave valiente
break loose desencadenarse
bride novia
bugle clarín (m.)
burden (v.) agobiar
butcher carnicero

C

calm (v.) calmar
canary canario
cane bastón

cannonball bala de cañón
cap gorra
carriage coche
cart carreta
caution *(v.)* prevenir
century siglo
chain cadena
change *(v.)* cambiar
charm *(v.)* cautivar
charming encantador
charming smile sonrisa encantadora
cheerful alegre
cheerfulness alegría
chest arcón, pecho
chief cacique *(m.)*
chimes reloj *(m.)*
chronicle crónica
clearing *(n.)* claro
clever astuto
climb subir
cloak manto, capa
cloister claustro
coachman cochero
coat of arms escudo de armas
coffin cajón *(m.)*
coin moneda
come of age *(v.)* llegar a la mayoría de edad
comforts comodidades *(f.)*
commands mandatos
companion compañero
compassion compasión *(f.)*
compassionate compasivo
compile compilado
complaint queja
compliments piropos
confidence confianza
confidentially en confianza
confuse confundir
consent *(v.)* consentir
continue seguir
cord cordón *(m.)*
corner rincón *(m.)*
costume traje *(m.)*
count *(v.)* contar
countless sinnúmero
country país *(m.)*
courageously con valor
courteous cortés
cradle cuna

creditors acreedores *(m.)*
criticize criticar
crops cosechas
cross *(n.)* cruz *(f.)*
cruelty crueldad *(f.)*
crutches muletas
cultivation cultivo
cured curado
curious saying dicho curioso
currency moneda
custom costumbre *(f.)*

D

dagger daga
dance *(v.)* bailar
danger peligro
dangerous peligroso
dare *(v.)* atreverse
daughter hija
dawn madrugada
death muerte *(f.)*
debt deuda
deceit engaño
deceive engañar
deception decepción
delay *(v.)* tardar
dense espeso
depart salir
departure salida
deserve merecer
desk escritorio
desperation desesperación *(f.)*
destination destino
destiny destino
devil diablo
diamond ring sortija de diamantes
die morirse
diplomatic diplomático
dirty sucio
disagreeable desagradable
disappear desaparecer
disaster desastre *(m.)*
discover descubrir
disembark desembarcar
distinguished eminente
doubt *(n.)* duda
dove paloma

dowry dote (*f.*)
dream (*v.*) soñar
drenched empapado
drops gotas
drown ahogarse
drum tambor (*m.*)

E

echo (*v.*) hacer eco
elder anciano
elect (*v.*) elegir
embrace (*v.*) abrazar
emissaries emisarios
empty (*adj.*) vacío
encourage animar
enemy enemigo
enjoy divertirse
enthusiastic entusiasmado
entrust encomendar
envelope sobre (*m.*)
esteemed estimado
every penny cada céntimo
excessive excesivo
excited entusiasmado
exclaim exclamar
exhausted fatigado
expenses gastos
expensive caro

F

faithful fiel
fall (*v.*) caer
fall madly in love enamorarse hasta
  la raíz del pelo
fantastic fantasmagórico
faraway lejano
farmer campesino
fat gordo
fatigue fatiga
fearful temeroso
feat hazaña
feather pluma
feeling presentimiento
feminine tricks armas del arsenal
  femenino

festivities fiestas
fierce feroz
fight (*v.*) pelear
fighting dagger daga de combate
figure (*n.*) figura
fill embozar
filled lleno
find encontrar
fire (*v.*) disparar
fisherman pescador
flash of lightning rayo, relámpago
flatterer lisonjero
flickering tembloroso
flight vuelo
fly (*v.*) volar
foam (*n.*) espuma
fool inocente
force (*n.*) fuerza
forest bosque (*m.*)
fortune fortuna
fragrance aroma
free (*v.*) libertar
friar fraile (*m.*)
friendship amistad (*f.*)
frigate fragata (*f.*)
frightened asustado
fulfill realizarse, cumplirse
furious furioso

G

gaze (*v.*) contemplar
generous generoso
gentleman señor
gesture of puzzlement seña de
  incomprensión
get worse desmejorarse
ghost aparecido
gift regalo
girlfriend novia
give compliments echar flores
God Dios
god dios
goddess diosa
godparents padrinos
gold oro
good luck buena suerte
goodness bondad (*f.*)

goods bienes (*m.*)
gossip (*n.*) chisme (*m.*)
grass hierba
gratefully con gratitud
gratitude gratitud (*f.*)
grave grave
groom novio
ground tierra, suelo
grow pale perder colores
grudge (*n.*) rencor (*m.*)
guests huéspedes, invitados
guilt culpabilidad (*f.*)
gunner artillero

H

hail granizo
hand mano (*f.*)
handsome hermoso
happenings sucesos
happiest el más feliz
hardworking trabajador
hat sombrero
haughty arrogante, orgulloso
heal (*v.*) sanar
heaven cielo
heavily pesadamente
height altura
heir heredero
help (*n.*) ayuda
hen gallina
hide (*v.*) esconder
hit (*v.*) golpear
hoarse ronco
honest honrado
hope was still alive esperanza aún
  vivía
hopeless sin esperanza
hospitality hospitalidad
humanitarian de beneficencia
humble humilde
humbly humildemente
hummingbird colibrí (*m.*)
hunger (*n.*) hambre (*f.*)
hunt (*v.*) cazar
hurrah (*excl.*) viva
hurry (*n.*) prisa
hurry (*v.*) apresurarse

I

ill grave
ill-acquired mal adquirido
ill-mannered descortés
illustrious ilustre
imaginary imaginario
immense inmenso
impatient impaciente
impeccably impecablemente
impending inminente
impetuously impetuosamente
in exchange for a cambio de
in vain en vano
incapable incapaz
inconsolably desconsoladamente
increase (*v.*) aumentar
industrious industrioso, trabajador
instead of en lugar de
insult insulto
intrigue intriga
intruder intruso

J

joke (*n.*) broma
journey (*n.*) viaje (*m.*)
joy gozo
jungle selva

K

kind amable
kind-hearted deception decepción
  benévola
kingdom reino
kneel arrodillarse

L

lace encaje (*m.*)
lame man cojo
lameness cojera
lark calandria

laugh (*v.*) reírse
laughter risa
lawlessness desorden (*m.*)
lazy perezoso
leafy frondoso
leap (*v.*) llegar de salto
learn aprender, informarse
leave (*v.*) abandonar
legend leyenda
legendary legendario
let loose soltar
library biblioteca
lieutenant teniente (*m.*)
listen escuchar
live off vivir de
lively vivaracho
loneliness soledad (*f.*)
lonely solitario
look (*n.*) aspecto
lost perdido
loyal leal, fiel
loyalty lealtad (*f.*)
luxury lujo

M

magic magia
majestic majestuoso
make a mistake equivocarse
make the sign of the cross hacer la señal de la cruz
management administración
market mercado
marriage matrimonio
marvelous maravilloso
master (*v.*) manejar con maestría
meadow prado
medallion medalla
meet encontrarse
mend one's ways corregirse
miracle milagro
miraculous milagroso
mischievous travieso
miserly avaro
misfortune desgracia
mission misión
missionary misionero
mistaken equivocado

moan (*v.*) dar un gemido
mockingbird sinsonte
modesty modestia
mole lunar (*m.*)
money dinero
monster monstruo
moonlight la luz de la luna
moral moraleja
mortally wounded herido mortalmente
mother madre
motionless inmóvil
mountain montaña
murderer asesino
murmur (*v.*) murmurar

N

nanny nana
nap siesta
native language lengua nativa
neglect (*n.*) abandono
neighborhood barrio
nephew sobrino
nervous nervioso
newly married recién casados
niece sobrina
night noche (*f.*)
nightingale ruiseñor (*m.*)
nightmare pesadilla
nocturnal nocturno
noiselessly sin ruido
nonsense tonterías
notice (*v.*) observar
nourishing nutritivo
nuisance molestia
nun monja

O

oath juramento
obstinate obstinado
obstinate resistance obstinada resistencia
of course por supuesto
on horseback montado, a caballo

on the verge of al borde de
open *(v.)* abrir
order *(v.)* ordenar
origin origen
orphanage asilo para huérfanos
ounce onza
out-of-tune desafinado
oval green leaves ovaladas hojas
  verdes
overthrow *(n.)* derrota
owner dueño

P

pact convenio
pain dolor
palace palacio
pale *(adj.)* pálido
parade *(v.)* desfilar
paralyzed paralizado
pardon *(v.)* perdonar
passenger pasajero
patriot patriota
patron saint santa patrona
pavilion kiosco
pay attention prestar atención,
  hacer caso
peaceful pacífico
perch *(v.)* posarse
perplexed distraído, perplejo
persuasive persuasivo
picturesque pintoresco
pierce clavar
pig cerdo
pile *(n.)* montón *(m.)*
pin *(n.)* alfiler *(m.)*
pirate pirata
pity piedad *(f.)*
pleasure gusto, gozo
plumage plumaje
poison *(v.)* envenenarse
poisoned envenenado
poor fellow pobretón
port puerto
poverty pobreza
powerful poderoso
pray rezar
pretend *(v.)* fingir

price precio
pride orgullo
procession procesión
produce producir
promise *(v.)* prometer
propose proponer
prudence prudencia
pull up arrancar
purpose objeto

R

radiant radiante
rage *(n.)* rabia
rain cats and dogs *(v.)* llover a
  cántaros
ready *(adj.)* listo
recently married recién casados
recover recobrar
refreshments refrescos
relative pariente, familiar
remember recordar
remote remoto
repeat *(v.)* repetir
replace reemplazar
request *(n.)* petición
rescue *(v.)* rescatar
revolt *(n.)* rebelión *(f.)*
reward *(n.)* recompensa
riches riqueza
roar *(v.)* dar un rugido
rob robar
robber ladrón
rocks rocas
round and round vueltas y
  revueltas
round trip de ida y vuelta
rudely descortésmente
rule *(n.)* regla
rule *(v.)* dominar
run correr

S

sack talega
sacred sagrado

sad triste
sadly tristemente
sadness tristeza
safe (*adj.*) seguro
sailor marinero
salary sueldo
salute (*n.*) saludo
satisfied satisfecho
savages salvajes
saving (*adj.*) salvador
scene escena
secret (*n. & adj.*) secreto
selfishness egoísmo
serenade serenata
serious serio
servant criado
shadow sombra
shark tiburón
sharp agudo
shield escudo
shiny brillante
ship barco
shone (*pasado de*) brillar
shoot fusilar
shotgun escopeta
shout (*v.*) gritar
shriek loudly quejarse con grandes
   gritos
sick muy mal
sign (*n.*) símbolo
signal (*n.*) seña
signs of predestined
   greatness señales de
   predestinación
silk seda
simple sencillo
single blow solo golpe
size up mirar de arriba a abajo
skeleton esqueleto
skill habilidad
skin piel (*f.*)
skull calavera
slayer matador
sleep (*v.*) dormir
slip camisa
smile (*n.*) sonrisa
smooth liso
sold (*pasado de*) vender
soldier soldado
solution solución

somersault (*n.*) machincuepa
soon to arrive acercarse
soothsayer adivino
soul alma
sound (*v.*) tocar
speech discurso
splendor esplendor (*m.*)
split open partir
spoiled (*adj.*) mimado
spring primavera
squander malgastar
state (*n.*) estado
state of defense estado de defensa
step (*n.*) paso
stick (*v.*) clavar
stingy avaro
stop (*v.*) detenerse
storm tempestad (*f.*), tormenta
stormy tempestuoso
strange extraño
stranger desconocido, extraño
strong fuerte
struggle (*v.*) luchar
success éxito
suffer in one's misery pasar la pena
   negra
suffering sufrimiento
suit (*n.*) traje (*m.*)
sunny de sol
sunrise amanecer (*m.*)
sunset puesta del sol
supernatural being ser sobrenatural
superstition superstición
surface superficie (*f.*)
surprise sorpresa
surprised sorprendido
suspect (*v.*) sospechar
sweetheart novia, novio
sword espada

T

take advantage aprovecharse
take flight emprender el vuelo
take on the form of tomar la forma
   de
take refuge refugiarse
taught enseñado

temple templo
terrified aterrorizado
test (n.) prueba
thick espeso
thirst (n.) sed (f.)
threaten amenazar
threatened amenazado
throne trono
thunder trueno
tired cansado
tomorrow mañana
tone tono
torn roto
torrential rain lluvia a torrentes
town pueblo
trace huella
travel (v.) viajar
treachery traición
treasure tesoro
tremble temblar
tribe tribu (f.)
trick burla, engaño
trip (n.) viaje (m.)
triumph (v.) triunfar
trust (v.) confiar
trustworthy de confianza
tune canción (f.)
tyrant tirano

U

ugly feo
unforgettable inolvidable
ungrateful ingrato
unknown lands tierras
 desconocidas
unlimited sin límites
unpleasant personality carácter
 desagradable
unwillingly de mala gana
upset agitado

V

valuable bueno
village pueblo

visor visera
voyage viaje

W

wait (v.) esperar
wander pasear
war guerra
warrior guerrero
wave (v.) agitar
wave (n.) ola
wealth riqueza
weapon arma
weary cansado
wedding boda
weeds malas hierbas, hierba
weep llorar
whistle silbar
whistling sound silbido
widow viuda
wig peluca
will (n.) testamento,
 herencia
win (v.) ganar
window ventana
wish (n.) deseo
wish (v.) querer
withdraw retirarse
without a doubt sin duda
without hesitation sin
 vacilación
wonder (n.) admiración
woods bosque (m.)
worry (v.) preocupar
worship (n.) adoración (f.)
worthy digno
wound (n.) herida

Y

young (adj.) joven

Leyendas de
Latinoamérica

Contenido

Prólogo

Esta edición bilingüe de *Leyendas de Latinoamérica* explora la rica tradición folklórica de Hispanoamérica. Las dieciséis leyendas recorren un período de 2,000 años e incluyen leyendas precolombinas, historias del período colonial y cuentos del siglo diecinueve. Las historias proceden de Argentina, Bolivia, Colombia, Guatemala, Honduras, México, Perú, Paraguay, Puerto Rico y Venezuela.

Hemos publicado las leyendas en inglés y español para que los estudiantes puedan mejorar su habilidad para leer en su nuevo idioma, mientras siguen gozando de la lectura en su idioma materno. Es posible verificar la comprensión al comparar las dos versiones de la historia.

El lenguaje y la gramática que se usan en el libro son apropiados para estudiantes del nivel intermedio. En cada capítulo, hay preguntas sobre el contenido y ejercicios que hacen hincapié en la gramática y el vocabulario que se encuentran en las historias. Hay también una lista bilingüe de vocabulario al final de la última leyenda.

Esperamos que los estudiantes disfruten de la lectura y de la rica tradición cultural de Hispanoamérica.

El regalo de la diosa luna

Por miles de años los indios guaraníes habitaron la parte central y oriental de la América del Sur. Ahora viven principalmente en el Paraguay. La palabra *guaraní* significa guerrero y antes del siglo XVI las tribus eran feroces y belicosas. Pero después de la llegada de los misioneros españoles que establecieron escuelas y misiones en las selvas del Paraguay, los guaraníes se convirtieron en un pueblo pacífico e industrioso. Aunque el español es el idioma oficial de la República del Paraguay, la lengua guaraní se habla con mucha frecuencia entre la gente del campo y de la ciudad.

Esta leyenda guaraní nos explica el origen de la planta llamada yerba mate, que es uno de los productos principales del Paraguay. De sus hojas secas se hace una bebida sumamente excitante y nutritiva que se llama mate. Este té, el favorito de mucha gente sudamericana, es considerado como símbolo de la hospitalidad y la amistad.

En épocas muy remotas los dioses y las diosas bajaban del cielo para gozar de las hermosas tierras de los indios guaraníes con sus espesos bosques, grandes ríos de aguas claras y prados llenos de flores.

Uno de estos visitantes celestes era la diosa luna que venía con mucha frecuencia, siempre durante el día. Su compañera era la diosa nube. Para pasear libremente por los campos y los bosques sin que nadie las reconociera como diosas, tomaban la forma de dos indias guaraníes.

Una tarde las diosas estaban tan felices recogiendo flores hermosas en el bosque que se olvidaron de que la noche se acercaba. De pronto, cuando las sombras oscuras cubrieron la tierra, la diosa luna exclamó:

—¡Debemos regresar ahora mismo al cielo o llegaré tarde para mis deberes!

—Un momentito más —pidió la diosa nube. —Allí veo unas orquídeas blancas muy lindas y quiero un ramo para llevar al cielo.

—No nos queda mucho tiempo —le recordó la diosa luna, preocupada por la demora.

Caminaban rápidamente hacia las orquídeas cuando de pronto dieron un grito de terror. Frente a ellas apareció un tigre, el más grande que habían visto en la vida. Los ojos le brillaban y tenía la gran boca muy abierta. Las diosas estaban tan asustadas que olvidaron cambiar su forma de indias por su forma celeste.

El tigre, dando un fuerte rugido, saltó hacia ellas, dispuesto a devorarlas. Pero, para sorpresa de las dos, una flecha se clavó en su cuerpo y el animal cayó al suelo, quejándose con grandes gritos por el dolor de la herida.

En ese momento, un viejo guaraní con su arco y flecha salió de su escondite detrás de un árbol.

—¡Corran! —gritó a las diosas. —¡Corran para salvar su vida!

Pero las diosas, paralizadas de miedo, se quedaron tan inmóviles como los árboles que las rodeaban.

De súbito el tigre se apoyó en las patas heridas y saltó otra vez hacia ellas, pero el viejo disparó otra flecha y ésta se clavó en el corazón del animal que cayó herido mortalmente.

—Está muerto y ahora no hay nada que temer —dijo el viejo guaraní, mirando hacia el lugar donde había visto a las dos mujeres. Pero no había huella de ellas. Al verse libre de peligro, las diosas tomaron sus formas celestes y subieron rápidamente al cielo.

Como la noche había extendido su manto negro sobre el bosque y los prados, el indio subió a un árbol, dispuesto a pasar allí la noche. Satisfecho por su buena acción realizada, no tardó en quedarse profundamente dormido.

Y sucedió que en sus sueños vio aparecer ante sí la bellísima figura de la mujer de ojos brillantes como dos estrellas que había visto esa tarde en el bosque. Oyó también claramente que ella le decía:

—Soy la diosa luna, protectora de la gente buena. Poniendo en peligro tu vida, has luchado con valor para salvarme la vida y la de mi compañera, la diosa nube.

El indio, maravillado, quiso responder algo, pero no pudo. La diosa continuó hablándole:

—Los hombres buenos siempre reciben recompensa por sus nobles acciones. Tú recibirás la tuya, porque tu bondad y tu valor la merecen.

—¿Cuál será esa recompensa? —se preguntaba el indio, mientras contemplaba a su diosa protectora. La respuesta no lo hizo esperar, porque la deidad prosiguió:

—En este bosque haré nacer para ti y para tu pueblo una planta muy valiosa. Llámala yerba mate y cuídala bien. Tostando sus hojas podrás preparar un té que servirá de alimento para todos los que tengan hambre. También calmará la sed a todos los que lo beban. Encontrarás esta planta mañana en el lugar donde ayer me viste.

Dicho esto, desapareció la diosa.

—¡Qué sueño tan extraño! —dijo el indio cuando se despertó al día siguiente.

Al bajar del árbol, se apresuró al lugar indicado por la diosa y allí una nueva planta muy hermosa, de hojas verdes y brillantes, apareció ante sus ojos.

El viejo tomó algunas hojas y las llevó al pueblo donde contó su historia a la tribu y mostró el premio que la diosa luna le había dado.

En seguida, los indios tostaron las hojas sobre el fuego y prepararon el té. Pronto les calmó el hambre y la sed, como la diosa había prometido.

Esa misma noche, los indios se arrodillaron en la tierra y, levantando los rostros al cielo, dieron gracias a su diosa luna por el maravilloso regalo de la yerba mate.

EJERCICIOS

A. Termine usted las frases con las palabras apropiadas.

1. Los guaraníes viven ahora:
   (a) en el extremo norte de Panamá.
   (b) en el Paraguay.
   (c) por la costa de Sudamérica.

2. La diosa luna bajaba de su habitación en el cielo para:
   (a) gozar de las hermosas tierras de los guaraníes.
   (b) ver lo que pasaba en el mundo hispánico.
   (c) aprender el español de los conquistadores.

3. La diosa luna debía regresar al cielo antes de la noche porque:
   (a) no veía de noche.
   (b) no viajaba sino de día.
   (c) tenía deberes.

4. La diosa nube vio:
   (a) unas orquídeas blancas.
   (b) un río muy bonito.
   (c) un espeso bosque.

5. De pronto las diosas dieron un grito porque delante de ellas apareció:
   (a) un tigre enorme.
   (b) una india bonita.
   (c) un águila con una serpiente en el pico.

6. El viejo guaraní había matado al tigre con su:
   (a) escondite.
   (b) rifle.
   (c) arco y flecha.

7. Al verse libre de peligro las diosas:
   (a) subieron rápidamente al cielo.
   (b) sacaron su arco y flecha.
   (c) subieron a un árbol.

8. El viejo indio pasó la noche:
   (a) en su casa.
   (b) en un árbol.
   (c) en el lago.

9. La diosa luna dijo al viejo:
   (a) Los hombres buenos son pocos.
   (b) Los hombres buenos no matan a tigres.
   (c) Los hombres buenos reciben recompensa.

10. La diosa luna le dio:
    (a) una planta.
    (b) una orquídea.
    (c) un arco nuevo y varias flechas.

B. Describa lo siguiente con las palabras dadas, formando frases completas.

1. Los guaraníes: selvas / Paraguay / pacífico / industrioso / lengua / habla / del campo / ciudad.
2. Yerba mate: hojas / bebida / excitante / favorito / símbolo / hospitalidad.
3. La diosa luna: venía / frecuencia / durante / día / compañera / nube.
4. El viejo guaraní: disparó / flecha / clavó / cuerpo / animal / cayó.
5. Los indios: tostaron / hojas / fuego / prepararon / calmó / sed.

C. Conteste las siguientes preguntas:

1. ¿Dónde habitaron los guaraníes?
2. ¿Eran feroces las tribus?
3. ¿Cuál es el idioma oficial del Paraguay?
4. ¿Qué forma tomaban las diosas?
5. ¿Por qué tenían que regresar antes de la noche?
6. ¿Por qué se asustaron las diosas?
7. ¿Quién mató al tigre?
8. ¿Qué vio el indio en sus sueños?
9. ¿Cuál era su recompensa?
10. ¿Cómo dieron gracias los indios?

D. Explique usted en una palabra o dos el significado de:
1. habitación ·
2. manto
3. alimento
4. gratitud
5. dispuesto
6. sinnúmero
7. hazaña
8. ave
9. ira
10. fatigado

E. ¿Posible o imposible?
1. prados llenos de flores
2. recoger nubes hermosas
3. las plumas del tigre
4. un sueño extraño
5. arco y fechas
6. hojas verdes y brillantes
7. morir de flores
8. un humilde campesino
9. tostar el regalo
10. el pie de la serpiente

¡Pobre inocente!

Tenga cuidado si se encuentra en un país de habla española durante el 28 de diciembre. Se llama el Día de los Inocentes, un día de bromas y burlas como el primero de abril en Estados Unidos. Antes era un día religioso observado en memoria de los niños inocentes que condenó a muerte el rey Herodes después del nacimiento del Niño Jesús. Pero desde hace muchos siglos la fiesta no tiene nada de religiosa y los niños andan buscando la oportunidad de burlarse de sus amigos. La víctima de estos niños traviesos se llama «inocente», que quiere decir tonto.

Tunja, el escenario de la siguiente selección, es famosa por sus preciosos tesoros de arquitectura, sus monumentos históricos y sus leyendas encantadoras.

Hace tres siglos que un español de buen carácter, llamado don[1] Ramiro, vivía con su esposa en la leal y muy noble ciudad de Tunja. El caballero era serio, muy serio. También era orgulloso. Según él, pertenecía a una de las familias más nobles y distinguidas de España. Además, hablaba en palabras vagas de un pariente suyo que era Virrey del Virreinato de Nueva Granada, nombre antiguo de Colombia.

Siendo tan serio y orgulloso, don Ramiro siempre era víctima de bromas el 28 de diciembre. La verdad es que por cuatro años a las 12:05 de la mañana de esa fecha, los muchachos traviesos de su barrio tenían la costumbre de llamar ruidosamente a su puerta. Cuando el señor abría la ventana de su dormitorio, los muchachos le gritaban entre risas:

—¡Inocente!

El primer año que le hicieron la broma, don Ramiro se rió; el segundo año, pronunció un discurso largo sobre la cortesía; el tercer año les tiró una maceta en que crecían flores raras y hermosas; y el cuarto año les gritó que iba a denunciarlos a la policía por sus desórdenes nocturnos.

El quinto año don Ramiro decidió terminar para siempre con aquella molestia. Por eso, en la mañana del 27 de diciembre, el buen español sacó de un arcón una escopeta enorme y antigua. Llevándola como un soldado, don Ramiro fue a pasearse por las calles de su barrio. A todos los muchachos que encontró, les dijo:

—Mañana voy a disparar mi escopeta contra cualquier persona que llame a mi puerta.

Los muchachos, que eran buenos pero un poco traviesos, le escucharon con cortesía sin decir nada.

La noche del 27 de diciembre, don Ramiro estaba cansado y con voz ronca por haber repetido tantas veces la historia de la escopeta.

[1]Título que precede el nombre de un caballero.

—Esta noche, después de cuatro años de molestia, voy a dormir èn paz —don Ramiro anunció a su esposa. —Ahora, todos los muchachos me tienen miedo.

La buena señora sonrió. —Nadie es tan inteligente como mi esposo —dijo con cariño.

—Gracias, luz de mis ojos. Aunque solamente son las nueve, según el reloj de la catedral, voy a acostarme en seguida.

Y don Ramiro fue a su dormitorio donde se preparó a pasar una noche tranquila.

Pero a eso de la medianoche, don Ramiro oyó una llamada fuerte a la puerta: ¡pun, pun, pun!

Saltando de su cama, el español recogió su escopeta. Abrió la ventana de su dormitorio. A la luz de la luna vio delante de su casa a un joven vestido de soldado y a su lado un magnífico caballo blanco.

—¿Es usted el distinguido don Ramiro Quesada Vásquez de la Vega? —preguntó el joven cortésmente, pero con cierto tono de autoridad.

—Sí, señor, soy yo —respondió don Ramiro, creyendo que hablaba con un capitán o por lo menos con un sargento.

—Un pariente suyo tiene el honor de ser Virrey del Virreinato de Nueva Granada, ¿no es verdad?

Don Ramiro se quedó sorprendido.

—Pues . . . pues . . . —murmuró, sin saber si debía decir la verdad o no.

—Bueno, señor, aquí tiene usted una carta, sin duda una carta muy importante.

—Sí, sí, ¡espere un momento, por favor!

Diciendo esto, don Ramiro puso la escopeta en la cama y rápidamente cambió su ropa de dormir por un traje digno de la ocasión. Entonces, ligero como un rayo, bajó la escalera y abrió la puerta.

—Su carta, señor, y perdone la molestia a estas horas.

Sin esperar una respuesta, el joven dio un saludo militar,

corrió hacia su caballo, lo montó, y en un abrir y cerrar de ojos desapareció en las sombras de la noche.

—¿Quién me habrá escrito esta carta? —pensó don Ramiro. —¡Qué sobre más grande y qué letra más bonita! ¡Es posible que el abogado en España me anuncie que soy heredero de la fortuna de mi tía!

Temblando de emoción, abrió el sobre, sacó la carta, una carta breve, y leyó estas palabras:

«¡Pobre inocente!»

EJERCICIOS

A. Termine usted las frases con las palabras apropiadas.

1. El Día de los Inocentes es el:
   (a) primero de abril.
   (b) 28 de diciembre.
   (c) 31 de octubre.

2. Don Ramiro vivía con:
   (a) un sobrino.
   (b) sus familiares.
   (c) su esposa.

3. Los que gritaron «inocente» a don Ramiro eran:
   (a) los muchachos traviesos.
   (b) las mujeres del barrio.
   (c) sus íntimos amigos.

4. El tercer año les tiró:
   (a) una flor.
   (b) agua caliente.
   (c) una maceta.

5. Don Ramiro sacó de un arcón:
   (a) a su esposa.
   (b) una escopeta.
   (c) un testamento.

6. Don Ramiro se acostó a:
   (a) las nueve.
   (b) las diez.
   (c) las doce.

7. A las doce y media apareció delante de la casa:
   (a) un señor pobre.
   (b) la esposa de don Ramiro.
   (c) un joven vestido de soldado.

8. El joven le presentó a don Ramiro:
   (a) una carta.
   (b) un saludo.
   (c) un regalo.

9. Don Ramiro puso la escopeta:
   (a) en el arcón.
   (b) en la cama.
   (c) en el suelo.

10. La carta decía:
    (a) pobre inocente.
    (b) buenas noches.
    (c) no se fíe de nadie.

B. Describa lo siguiente con las palabras dadas, formando frases completas.

1. El Día de los Inocentes: bromas / burlas / primero de abril / día religioso / memoria / hizo matar.
2. Don Ramiro: español / buen carácter / esposa / serio / orgulloso.
3. El efecto de las bromas en don Ramiro: se rió / pronunció un discurso / les tiró una maceta / les gritó.
4. El 27 de diciembre don Ramiro: sacó / escopeta / pasearse / barrio / voy a disparar / que llame / puerta.
5. El joven, vestido de soldado, le dice a don Ramiro: distinguido / pariente / Virrey / carta / importante.

C. Conteste las siguientes preguntas:

1. ¿Cuándo es el Día de los Inocentes?
2. ¿Quién era víctima de las bromas?
3. ¿Quién llamaba a su puerta a las 12:05?
4. ¿Qué le gritaban?
5. El cuarto año, ¿cómo los amenazó?
6. ¿Qué sacó don Ramiro del arcón?
7. ¿Quién creyó que don Ramiro era inteligente?
8. ¿A qué horas oyó don Ramiro a alguien llamar a la puerta?
9. ¿Por qué no sabía don Ramiro si debía decir la verdad o no?
10. ¿Qué hizo el joven después de darle la carta?

D. Complétense las frases de la primera columna con la terminación correcta de la segunda.

1. Los niños andan listos para   en las sombras.
2. El segundo año   español recogió su escopeta.
3. La conclusión tiene   por sus leyendas encantadoras.
4. Don Ramiro era   abrió el sobre.
5. Tunja es famosa   una sorpresa.
6. Saltando de su cama el   abrió la puerta.
7. El joven desapareció   burlarse de sus amigos.
8. Temblando de emoción   pronunció un discurso.
9. El español estaba   cansado y con voz ronca.
10. Bajó la escalera y   víctima de bromas.

E. Hechos interesantes.
¿Cuáles son las palabras con letras revueltas?

En la tierra hay alrededor de 400.000 diferentes especies de *selamina*. Los *sectosin* ocupan el primer lugar con 280.000 clases y siguen los *cepes* con 12.000.

Un *járpoa* azul vuela diariamente alrededor de 165 millas en busca de *alitosmen*.

En las dos *ricasAmé*, de *kaaAls* hasta Patagonia, hay alrededor de 400 especies de colibríes.

animales, insectos, peces
pájaro, alimentos
Américas, Alaska

Las manchas del sapo

En esta leyenda usted va a informarse de las aventuras del señor Sapo, el primer astronauta entre los animales. Dentro del espacio de un día, este valiente héroe hizo un viaje de ida y vuelta al cielo. Desgraciadamente, debido a que su compañero no poseía un alma buena, el señor Sapo sufrió heridas en el viaje de vuelta. Así, su piel lisa llegó a cubrirse de manchas que nunca desaparecieron. Estas manchas servían de prueba de su viaje heroico e inolvidable. En memoria de su antepasado distinguido, los sapos continúan llevando las mismas manchas.

En muchas partes del mundo hay falsas supersticiones acerca de los sapos. Pero estos animalitos no prestan atención a tales tonterías. Como siempre, comen insectos, viven felizmente con sus familias y hablan con orgullo del viaje extraordinario realizado por su antepasado ilustre.

Una vez, en tiempos muy remotos, todas las aves fueron invitadas a una fiesta en el cielo. Al recibir la invitación, cada una de ellas empezó a limpiar y arreglar su plumaje y a prepararse para participar en el programa.

El coro, compuesto de ruiseñores, calandrias, canarios y sinsontes, practicaba todo el día, desde el amanecer hasta la puesta del sol. ¡Qué melodiosas eran sus voces!

El cuervo negro, que no sabía ni cantar ni bailar, quería tocar su guitarra en la fiesta. Pero no fue invitado a participar porque tocaba con más entusiasmo que talento. Sin embargo, decidió practicar, pensando que tocaría su instrumento si se le presentaba la oportunidad.

Por fin llegó la mañana de la fiesta y todas las aves, grandes y pequeñas, salieron volando hacia el cielo menos el cuervo, que nunca tenía prisa. Aquella mañana él se quedó por largo tiempo en el bosque arreglando su negro y brillante traje. Cuando terminó sus preparativos, tomó su instrumento dispuesto a emprender vuelo hasta el cielo. En este momento oyó una voz que le decía:

—Buenos días, señor Cuervo. ¿Adónde va tan temprano con su traje elegante y con su guitarra sonora?

—¡Señor Sapo! ¿Cómo está usted? Sabrá que me voy al cielo para asistir a una fiesta. Allí sólo van los que vuelan a gran altura y tienen plumaje hermoso. Como le faltan las alas y las plumas, y además es muy feo, creo que no es para usted la fiesta.

—¡Oh! —exclamó el sapo, sin prestar atención al insulto del cuervo sobre su apariencia, —y tantas ganas que tengo de conocer el cielo y dar un paseíto por allá. ¿No puedo ir con usted, amigo Cuervo?

—Eso es absolutamente imposible —dijo el cuervo con un tono de voz muy importante, mientras ponía su guitarra en el suelo y se dirigía al río para beber agua.

El astuto sapo se aprovechó de ese breve momento y se metió en la guitarra sin ser visto.

—¡Qué sorprendido va a estar el gran señor Cuervo cuando me vea en la fiesta! —se dijo el sapo mientras se sentaba en un rincón oscuro del instrumento.

Al terminar de beber, el cuervo gritó:

—Adiós, amigo Sapo, dondequiera que esté. ¡Mañana le contaré lo que pasó en la fiesta!

Dicho esto, el ave tomó su guitarra con su pasajero y emprendió vuelo hacia el lugar de la fiesta, el cielo.

Al llegar allí, después de un largo viaje en el aire, el cuervo se sentó en el lugar indicado por uno de los anfitriones, dejando su guitarra en un rincón.

La fiesta había comenzado ya. El coro de cantores divertía a los muchos invitados con sus hermosas melodías. Luego desfilaban, una por una, ciertas aves luciendo sus maravillosos plumajes. ¡Qué alegría! ¡Cuántos gritos y voces animaban la fiesta!

Por fin llegó la hora del baile. Las aves comenzaron a bailar elegantemente. De pronto notaron entre la concurrencia a un bailarín extraño. Era el sapo que cantaba y bailaba con tal agilidad, entusiasmo y alegría que agradó a los presentes y les causó gran admiración. Todos aplaudieron ruidosamente al entusiasmado bailarín que, un poco nervioso, miraba a cada instante al cuervo y a la guitarra.

Se divirtió grandemente el sapo en la fiesta, aunque pensaba mucho en cómo iba a volver a la tierra si el cuervo, por casualidad, llegara a descubrir su engaño. El señor Cuervo, por supuesto, estaba asombrado al encontrarse con su amigo en la fiesta y al verlo bailar tan contento. Sospechó el astuto engaño del sapo pero no le dijo nada. Ya estaba para terminarse la fiesta cuando una paloma, amable y diplomática, observó que el cuervo era la única ave que no había participado en el programa y dijo en voz alta:

—Señor Cuervo, ¿no quiere usted dar las gracias a nuestros anfitriones de parte de todas las aves, por tan magnífica fiesta?

—Con mucho gusto, palomita —dijo el cuervo. Ansioso

por llamar la atención de todos, se dispuso a pronunciar un discurso elegante pero breve.

Mientras hablaba el cuervo, llegó el sapo de salto en salto a la guitarra. Pronto se metió otra vez en ella, sin que nadie lo viera, y esperó allí el viaje de regreso.

Terminada la fiesta, antes de la puesta del sol, todas las aves regresaron a la tierra y con ellas el cuervo que estaba muy satisfecho después de su brillante discurso.

El sapo, temeroso sin saber por qué, esperaba con ansiedad la llegada al suelo cuando de pronto sintió que algo extraño le ocurría. Era que ya no estaba en su escondite. El cuervo, deliberadamente, había dado vuelta a la guitarra. ¡El bailarín y aventurero sapo salió proyectado por la boca de la guitarra en dirección al suelo que estaba muy distante!

¡Pobre sapo bailarín! Temió morirse de miedo y ansiedad al dar vueltas y revueltas por el aire. En su solitario viaje no cesaba de rogar:

—¡Piedras del camino, apártense cuando yo llegue al suelo!

Y se decía a sí mismo, —¡Ojalá que caiga en blanda hierba! ¡Si no, me muero! ¡Pobre piel mía!

Por fin llegó el sapo a la tierra. Las piedras no se habían apartado y se golpeó mucho, pero no se murió. Pronto sanaron las heridas que le resultaron de su tremendo golpe y quedaron en su lugar unas manchas iguales a las que tienen los sapos de hoy.

Después de lo ocurrido, ningún sapo ha querido volar al cielo ni engañar a cuervo alguno. Y desde aquellas remotas épocas se dice que los sapos saben cuando va a llover porque uno de ellos anduvo una vez por las nubes en compañía del cuervo, el «ave de la tormenta».

EJERCICIOS

A. Termine usted las frases con las palabras apropiadas.
1. El coro se componía de:
   (a) toda clase de aves.
   (b) sapos.
   (c) ruiseñores únicamente.

2. La fiesta tuvo lugar:
   (a) en una cueva.
   (b) en los árboles.
   (c) en el cielo.

3. El cuervo negro:
   (a) quería tocar su guitarra.
   (b) no podía volar.
   (c) no sabía leer.

4. El sapo no podía ir a la fiesta porque:
   (a) le faltaban alas y plumas.
   (b) no sabía tocar la guitarra.
   (c) tenía que quedarse con la familia.

5. El sapo:
   (a) fue al río.
   (b) comenzó a llorar.
   (c) se metió en la guitarra.

6. Notaron un bailarín extraño, y era:
   (a) el sapo.
   (b) el cuervo.
   (c) un canario.

7. Mientras hablaba el cuervo, el sapo:
   (a) cantó alegremente.
   (b) se metió en la guitarra.
   (c) comenzó a bailar más.

8. Todas las aves regresaron:
   (a) la mañana siguiente.
   (b) el jueves próximo.
   (c) antes de la puesta del sol.

9. «Piedras del camino:
   (a) háganse suaves.»
   (b) apártense.»
   (c) recíbanme.»

10. Al caer el sapo:
    (a) saludó a la gente.
    (b) voló un poco.
    (c) se golpeó mucho.

B. Describa lo siguiente con las palabras dadas, formando frases completas.

1. El coro: ruiseñores / canarios / practicaba / amanecer / puesta / melodiosas / voces.
2. La mañana de la fiesta: todas / aves / pequeñas / volando / menos / cuervo / nunca / prisa.
3. El cuervo llegó al cielo: después / viaje / aire / se sentó / lugar / dejando / guitarra.
4. La fiesta: coro / divertía / invitados / melodías / desfilaban / luciendo / plumajes.
5. Un bailarín extraño: cantaba / bailaba / agilidad / alegría / admiración.

C. Conteste las siguientes preguntas:

1. ¿Quiénes fueron invitados a una fiesta en el cielo?
2. ¿Quién no sabía cantar?
3. ¿Cómo llegaron al cielo?
4. ¿Cómo llegó el sapo?
5. ¿Cómo bailaba el sapo?
6. ¿Por qué estaba nervioso el sapo?
7. ¿Quién dio un discurso?
8. ¿Cómo cayó el sapo?
9. ¿Cómo resultaron las heridas?
10. ¿Quiénes no quieren volar al cielo?

D. Dé usted una descripción breve de estas aves: águila, colibrí, cuervo, ruiseñor, canario, quetzal.

E. ¿Cuáles son las letras que faltan? ¡Es un problema difícil!

1. vo__e__
2. p__lo__a
3. be____r
4. a____ós
5. ti__mp__
6. sal__o
7. lle__ó
8. a__es
9. n__d__
10. di__cu__so

El cabo Montáñez

Las guerras de la independencia de Hispanoamérica contra España empezaron alrededor del año 1810 y duraron catorce años. Entre los héroes sudamericanos de este período había dos libertadores: Simón Bolívar,[1] que dio la libertad a las colonias del norte, y José de San Martín[2] que libertó a las del sur.

En 1821, el general San Martín y sus soldados llegaron al Perú, decididos a libertar a este país, la última fortificación de los españoles. Como el general no quería ocupar a Lima por medio de la fuerza, empezó negociaciones con el virrey, las cuales duraron por muchos meses. Al fin de este tiempo, el virrey y sus funcionarios salieron para España, dejando a los patriotas en posesión de la ciudad.

La siguiente selección, una versión que se encuentra en *Tradiciones peruanas* por Ricardo Palma,[3] nos presenta un episodio de la vida del cabo Montáñez. La acción pasa durante el tiempo de negociaciones cuando no había batallas. Es evidente que este soldado legendario tenía fe en el proverbio que dice: «Quien no se aventura no pasa el mar».

---

[1]Patriota venezolano, conocido por el *Libertador*.
[2]General y político argentino, libertador de Chile y del Perú.
[3]Escritor peruano (1833–1919), creador del género de leyendas.

171

C ierto día cuando el capitán Centellas admitió que era incapaz de disciplinar al joven cabo Montáñez, llamó a éste a su lado y lo ordenó:

—Montáñez, entréguele esta carta al general Aquiles que está en Lima y espere la respuesta. Salga de aquí mañana al amanecer y no pierda tiempo en el camino.

—A sus órdenes, mi capitán —dijo Montáñez, dando un saludo militar.

Tres días después se presentó ante el general, hombre muy temido en el ejército por su severidad y su mal humor.

—Buenos días, mi general —saludó Montáñez con aire marcial. —Aquí le traigo esta carta de mi capitán Centellas, y espero su respuesta.

Sin decir una palabra, el general abrió la carta y leyó:

Estimado Aquiles:

Esta tiene por objeto presentarle al cabo Montáñez, que es un excelente soldado. Lo malo es que le gusta hacer apuestas con todo el mundo y como siempre gana, goza de mala reputación. Espero que le dé un puesto en el regimiento de su comando, a ver si se corrige.

Su fiel amigo,
Centellas

El general guardó la carta y mirando de arriba a abajo al joven se limitó a decir:

—Cabo Montáñez, de hoy en adelante queda usted a mi servicio, pero si no se porta bien, le fusilo.

—Está bien, mi general.

Así Montáñez entró en el regimiento del general, dispuesto a servir bien, y a ganar nuevas apuestas, si podía. Su traslado a la noble y antigua ciudad de Lima no había cambiado su espíritu ni su ambición.

Una noche, el general llamó aparte a su nuevo cabo y le dijo:

—Buenas noches, Montáñez. Según un reporte que acabo de recibir, usted no se corrige. Me dice que sigue haciendo apuestas y esto no está de acuerdo con las reglas del ejército. Pero, vamos a ver. ¿Quisiera usted probar la suerte conmigo?

—A sus órdenes, mi general.

—Bien, nombre usted la apuesta.

—Pues, si usted quiere. Le apuesto cinco libras[4] a que usted tiene la cabeza cubierta de lunares, docenas de lunares grandes y feos.

—¡Lunares! ¡Qué locura! ¿Cómo se atreve usted? Eso es absurdo. Le apuesto diez libras a que no los tengo.

—Convenido, mi general. Vamos a ver.

Y como el general no tenía ni un solo lunar en la cabeza, el pobre cabo tuvo que pagar las diez libras y según las apariencias, salió lleno de resignación.

La próxima semana el capitán Centellas recibió la siguiente carta:

Estimado Centellas:

Sin duda alguna, su cabo es idiota. Figúrese usted que me apostó a que yo tenía la cabeza cubierta de docenas de lunares grandes y feos. Naturalmente, con sólo quitarme mi peluca y mostrarle mi calva sin lunares, le gané diez libras, es decir, su sueldo del mes.

Su amigo,
Aquiles

[4]Monedas de oro.

El capitán dio un profundo gemido y respondió:

Estimado Aquiles:

    ¿Usted cree que Montáñez es idiota? Pues sí y no. Figúrese que antes de salir para Lima, él y yo apostamos: Yo a que usted nunca se quitaría su peluca para mostrarle su calva y él a que sí lo haría. Usted le ganó diez libras, pero yo perdí veinte, es decir, mi sueldo del mes.

Centellas

EJERCICIOS

A. Termine usted las frases con las palabras apropiadas.
1. Para libertar al Perú, San Martín:
   (a) empezó negociaciones con el virrey.
   (b) declaró la guerra.
   (c) invadió al país.

2. El capitán Centellas:
   (a) quiso honrar al cabo Montáñez.
   (b) no pudo encontrar al cabo.
   (c) era incapaz de disciplinar al cabo.

3. Lo malo del cabo es que:
   (a) no es buen soldado.
   (b) le gusta hacer apuestas.
   (c) duerme muy tarde.

4. El cabo se trasladó:
   (a) a la noble ciudad de Lima.
   (b) al norte de España.
   (c) a una isla cerca de Puerto Rico.

5. Montáñez seguía haciendo apuestas y esto:
   (a) no está de acuerdo con las reglas.
   (b) le daba mucho gusto al general.
   (c) le costaba dinero.

6. El cabo apostó diez libras a que:
   (a) el general tenía canas.
   (b) el general era calvo.
   (c) el general tuviera la cabeza cubierta de lunares.

7. El general:
   (a) sí tenía lunares.
   (b) llevaba una peluca.
   (c) tenía mucho pelo.

8. El general ganó del cabo:
   (a) cinco libras.
   (b) quince libras.
   (c) diez libras.

9. El cabo y el capitán Centellas:
   (a) apostaron que el general Aquiles era rico.
   (b) nunca apostaron.
   (c) apostaron acerca de la peluca del general.

10. El sueldo del mes del capitán Centellas era:
    (a) diez libras.
    (b) quince libras.
    (c) veinte libras.

B. Describe lo siguiente con las palabras dadas, formando frases completas.

1. El general San Martín: sus soldados / determinados / ocupar / batalla / empezó / negociaciones.
2. El general Aquiles: muy temido / ejército / severidad / humor.
3. El cabo Montáñez: excelente / le gusta / apuestas / todo el mundo / gana / reputación.
4. El general al cabo: reporte / no se corrige / sigue / apuestas / reglas / ejército.
5. El general Aquiles al capitán Centellas: cabo / idiota / apostó / lunares / peluca / calva / gané / sueldo.

C. Conteste las siguientes preguntas:

1. ¿Por qué era imposible disciplinar al cabo?
2. ¿Por qué fue enviado el cabo al general Aquiles?
3. ¿Cuántos días tardó en llegar a Lima?
4. ¿Por qué era temido el general Aquiles?
5. ¿Qué traía el cabo para el general?
6. ¿Era buen soldado el cabo?
7. ¿Qué le iba a hacer el general al cabo si no se portaba bien?
8. ¿Seguía haciendo apuestas el cabo?
9. ¿Dónde decía el cabo que el general tenía los lunares?
10. ¿Quién ganó la última apuesta?

D. ¿Dónde se ven estos avisos o rótulos?

1. Entrada gratis
2. Se prohíbe el paso
3. No anunciar
4. ¡Alto!
5. ¡Pase!
6. Tome su derecha
7. Parada
8. Estacionamiento prohibido
9. Puente angosto
10. ¡Cuidado, animales!
11. ¡Peligro, pavimento irregular!
12. Abroche el cinturón
13. ¡Silencio!
14. No fumar

E. Adivinanzas

1. ¿Qué es chiquita como un ratón y guarda la casa como un león?

2. ¿Qué es lo que va de su casa a la escuela sin moverse?

3. Oro parece,
   Plata no es.
   Quién no lo sabe
   Bien tonto es.

el plátano

el camino

la llave

Quetzal no muere nunca

Después de leer la siguiente leyenda, se podrá entender por qué la gente de Guatemala quiere tanto al quetzal,[1] el símbolo de la libertad y de la nobleza de un héroe indio.

Una gran parte de la población de Guatemala es indígena, descendientes de los mayas y de los quichés, una tribu hermana. Según el calendario maya, la era maya-quiché empezó en el año 3485 a.C. La mayor parte de los indios viven en sus pueblos situados en las montañas. Aquí continúan observando las costumbres de sus antepasados. Se usan trajes hermosos que son diferentes en cada pueblo. Están adornados de dibujos antiguos que representan dioses, animales y flores. Como en los siglos pasados, el adivino es una persona muy estimada.

[1]Ave tropical, de plumaje de colores brillantes.

Quetzal era un valiente muchacho, hijo del poderoso cacique de una tribu quiché. Era admirado y querido por todos. Esperaban de él grandes hazañas, pues desde el día de su nacimiento habían notado en Quetzal muchas señales de predestinación.

Cuando el joven llegó a la mayoría de edad y pudo participar en todos los asuntos de los guerreros quichés, se reunió la tribu en un gran claro del bosque para celebrar la ocasión. Primero, los músicos tocaron los tambores, después las flautas y más tarde la marimba. Entonces llegó el momento tan esperado cuando se daría a conocer el destino de Quetzal.

En medio de un silencio expectante, el adivino más anciano se levantó de su asiento bajo el árbol de color coral. Lentamente y con dignidad, arrojó a su alrededor con sabia mano los granos coralinos. Los estudió por unos momentos, algo perplejo y lleno de admiración. Al fin anunció claro y firme:

—Tu destino está decidido, Quetzal. No has de morir nunca. Vivirás eternamente a través de generaciones de quichés.

Todas las personas reunidas se quedaron perplejas ante aquella profecía, y la admiración y el entusiasmo que tenían por Quetzal aumentaron.

Pero no toda la tribu amaba al muchacho. Había una persona a quien los éxitos de Quetzal le molestaban. Era Chiruma, el hermano del cacique.

Chiruma era casi tan joven como Quetzal y había soñado toda su vida con ser cacique. Pero ahora, después de escuchar la profecía del adivino, ¿cómo podría él realizar su ambición? Era indudable que Quetzal, admirado por todos y considerado casi un dios, sería el jefe de la tribu al morir su padre.

Poco después de la ceremonia en honor de Quetzal, él y los otros jóvenes de su edad participaron en una lucha contra un enemigo del sur. Chiruma aprovechó esta ocasión para no perder de vista a Quetzal. Estaba perplejo al notar que las flechas que rodeaban al joven nunca lo herían. ¿Sería cierta la profecía que el adivino había hecho? Pero no, ¡aquello era imposible! ¿Cómo iba a vivir Quetzal a través de generaciones?

De pronto, Chiruma tuvo una idea.

—Ya sé —pensó. —Ya sé por qué la muerte respeta a Quetzal. Tiene algún amuleto poderoso que lo protege y yo voy a robárselo cuando esté durmiendo.

Esa misma noche cuando Quetzal dormía profundamente sobre su estera, Chiruma se acercó a él con paso silencioso. Miró sobre su pecho. El amuleto no estaba allí. Iba ya a irse cuando vio a la cabeza de la estera donde dormía el joven una pluma de colibrí. Chiruma no dudó ni por un momento de que aquello era lo que buscaba. Con todo el cuidado posible sacó la brillante pluma mientras sonreía de felicidad.

Entonces recordó lo que había dicho el adivino cuando nació Quetzal: que el colibrí era el símbolo de la buena suerte del niño.

Pasó algún tiempo y murió el cacique. Inmediatamente los ancianos eligieron a Quetzal para ser el nuevo jefe.

Chiruma, por supuesto, no dio ninguna seña de su enojo. Estaba seguro de que muy pronto el nuevo cacique, sin su amuleto poderoso, podría ser vencido.

Cierta tarde, Quetzal, el nuevo cacique, paseaba por el bosque, solitario, armado de su arco y sus flechas. De súbito un colibrí hermoso descendió de un árbol y sin miedo se posó sobre su hombro.

—Escúchame, Quetzal. Soy tu protector y vengo a prevenirte de que la muerte te persigue. Guárdate de cierto hombre envidioso.

—¿De qué hombre he de guardarme, hermoso colibrí? —preguntó el joven.

Pero el pájaro no pronunció ni una palabra más. Después de mirar unos instantes a Quetzal, emprendió el vuelo y desapareció.

El joven, con una seña de incomprensión continuó su camino. De pronto un agudo silbido llegó hasta él y una flecha quedó clavada en su pecho. Cayó sobre la hierba verde y cerró los ojos dispuesto a morir.

Pero los dioses habían predicho su inmortalidad y Quetzal quedó convertido en una hermosa ave. Su cuerpo tomó el color verde de la hierba sobre la que había caído y su pecho conservó el color de la sangre. El sol dorado de la tarde puso en su larga cola una gran variedad de colores.

Por muchos siglos se ha considerado al quetzal como ave sagrada que hasta hoy día no se permite cazar. Guatemala ha honrado a esta ave bella, colocando su imagen en el escudo nacional de armas. También la moneda de este país se llama quetzal.

Así como lo predijo el adivino, y como lo quisieron los dioses, el joven y valiente cacique vive y vivirá para siempre en el país de los maya-quiché.

EJERCICIOS

A. Termine usted las frases con las palabras apropiadas.

1. Quetzal era:
   (a) un valiente muchacho.
   (b) feroz y perezoso.
   (c) hijo de la diosa Luna.

2. El adivino:
   (a) arrojó los granos coralinos.
   (b) sacó una flecha de su bolsa.
   (c) le dio una moneda a Quetzal.

3. El adivino dijo a Quetzal:
   (a) Serás rico.
   (b) Te casarás con una mujer bella.
   (c) Vivirás para siempre.

4. Chiruma había soñado con ser:
   (a) valiente.
   (b) cacique.
   (c) admirado.

5. La muerte respetaba a Quetzal porque:
   (a) sabía correr bien.
   (b) tenía un amuleto poderoso.
   (c) se escondía del enemigo.

6. El adivino había dicho cuando nació Quetzal:
   (a) que el colibrí era símbolo de buena suerte para él.
   (b) que iba a ser criado.
   (c) que era guapo.

7. Los ancianos eligieron a Quetzal para ser:
   (a) el viejo cacique.
   (b) el nuevo jefe.
   (c) presidente.

8. Un colibrí:
   (a) pasó volando.
   (b) cantó.
   (c) se posó en el hombro.

9. Quetzal quedó convertido en:
   (a) un colibrí.
   (b) una hermosa ave.
   (c) una gallina.

10. Guatemala honra a esta ave:
   (a) colocando su imagen en el escudo.
   (b) con fiestas alegres.
   (c) cazándola.

B. Describa lo siguiente con las palabras dadas, formando frases completas.
1. Los quichés: pueblo / traje / adornado / dibujos / dioses / flores.
2. Quetzal: valiente / hijo / cacique / admirado / todos.
3. El adivino: anciano / se levantó / arrojó / mano / granos.
4. Chiruma: casi / joven / soñado / cacique.
5. La conversión de Quetzal: ave / cuerpo / verde / hierba / pecho / sangre / sol / tarde / cola / variedad.

C. Conteste las siguientes preguntas:
1. ¿Cuál es el símbolo de la libertad en Guatemala?
2. ¿Quién era el hijo del cacique?
3. ¿Qué hizo el pueblo cuando Quetzal llegó a la mayoría de edad?
4. ¿Qué arrojó el adivino?
5. ¿Quién dijo, «Vivirás para siempre»?
6. ¿Quién no amaba a Quetzal?
7. ¿Qué vio Chiruma a la cabeza de la estera de Quetzal?
8. ¿Qué se posó sobre el hombro de Quetzal?
9. ¿Cómo murió Quetzal?
10. ¿Cómo vive Quetzal ahora?

D. Todas estas palabras son sinónimos—menos una. ¿Cuál es la palabra que no tiene relación con las otras?

1. falda, manto, traigo, traje
2. compañero, aguacero, aventurero, nana
3. botín, lado, ladrón, robar
4. pie, piedra, pierna, pecho
5. adivino, cacique, cojo, virrey
6. tristeza, felicidad, alegría, estar en la gloria
7. llover, llorar, gemir, lamentar
8. se, té, le, te
9. vago, vega, valle, cerro
10. vio, venido, visto, vi

Pedro de Candía

Entre los jóvenes aventureros que vinieron al Nuevo Mundo se encontraba Pedro de Candía, el héroe de esta leyenda. Se dice que nació en la isla de Candía (Creta es el nombre moderno). Su padre era capitán de un barco y muchas veces Pedro, el hijo mayor, lo acompañaba en sus viajes a Italia, Francia y España. A la edad de dieciséis años, Pedro salió de Sevilla, España, ansioso de buscar fortuna en las Indias.[1] Allí se hizo soldado y se unió a varias expediciones, incluso las de Pizarro.

En 1528, cuando Pedro hizo un viaje a España, el rey Carlos I le hizo regalos costosos y le dio un título de nobleza en recuerdo de la hazaña contada en esta leyenda.

[1]América.

En el siglo dieciséis, miles de aventureros españoles embarcaron para el Nuevo Mundo en busca de riquezas, fama y gloria. Entre ellos se encontraban dos hombres pobres de origen oscuro, los cuales más tarde llegaron a ser exploradores famosos: Vasco Núñez de Balboa y Francisco Pizarro.

Fue Balboa el primero en obtener un gran éxito al descubrir el Mar del Sur[2] en 1513. En ese viaje peligroso a través del istmo de Panamá, Balboa fue acompañado de Pizarro, guías indios y una expedición de soldados. Entre éstos estaba Pedro de Candía, un joven valiente, sabio y generoso que le servía de criado a Pizarro.

Animado por el éxito de Balboa, Pizarro decidió dirigir una expedición al sur con la ayuda del explorador Diego de Almagro. Tenía por objeto la conquista del rico y poderoso imperio incaico en el Perú.

Pasó mucho tiempo y al fin todo estaba preparado para el largo viaje. En la bahía dos naves pequeñas esperaban la orden de Pizarro para hacerse a la vela.

—En el nombre de Dios, ¡adelante! —gritó Pizarro; e inmediatamente su nave se dirigió hacia el mar abierto, seguida de la nave al mando de Almagro. A bordo, los soldados entusiasmados gritaron y agitaron la mano a sus compañeros en la otra nave y a la gente en la playa. Pedro, al lado de Pizarro en el puente, estaba en la gloria. ¡Qué aventuras extrañas iba a tener! ¡Qué historias increíbles podría contar al regresar a casa!

A los pocos días, los viajeros empezaron a sufrir serias dificultades debido al mal tiempo. La lluvia caía a torrentes, sin cesar. Muchos soldados se mareaban. De pronto, una tempestad terrible llevó las dos naves frágiles a la isla de Gorgona cerca de la costa de Colombia.

—¡Qué mala suerte nos ha tocado! —se lamentaron todos

---

[2]Océano Pacífico.

los soldados menos Pedro. —Vamos a regresar en seguida a Panamá.

—Paciencia, más paciencia —exclamó Pizarro. —Se dice que hay oro en abundancia en la capital de los incas. ¿No desean ustedes riquezas y un título de nobleza?

—Yo no —fue la respuesta de los soldados fatigados.

Entonces habló el jefe Almagro:

—Mañana, haga buen o mal tiempo, me embarcaré en mi nave para Panamá. Los soldados descontentos pueden regresar conmigo, si así lo desean.

La fatiga de Pizarro era extrema. Su traje, poco apropiado para el viaje, estaba sucio; la capa de seda hecha pedazos, los pantalones rotos. Sin embargo, miró en torno suyo con la dignidad de un rey español y, sacando su espada del cinto, dibujó en la arena una línea del este al oeste.

—Hombres, —dijo Pizarro, mirando otra vez a los soldados, —al norte de esta línea se encuentra Panamá y la pobreza. Al sur se halla el imperio de los incas y la riqueza. Ahora ustedes pueden escoger: el norte o el sur.

Diciendo esto, Pizarro cruzó la línea hacia el sur. Lo siguió Pedro de Candía seguido por doce soldados. (En los libros de historia, Pedro y su compañeros se llaman los «trece caballeros de la fama».) Los otros soldados no dieron un paso.

A la mañana siguiente, llovía a cántaros. Sin embargo, la nave más grande, llena de soldados al mando de Almagro, salió para Panamá, dejando a Pizarro y a los trece en la isla. Día tras día, el jefe y sus trece compañeros, que ya pasaban sed y hambre, trataban de navegar varias veces hacia la costa, pero las tempestades no se lo permitían.

Al fin llegó una bonita mañana de sol y Pizarro anunció:

—Vengan, caballeros, vamos a abandonar la isla en seguida.

Todos obedecieron alegremente, pero apenas habían llegado a la costa cuando otra situación trágica se presentó. Los indios feroces y bien armados los esperaban en la playa, listos para luchar.

—¿Qué haremos? —preguntó Pizarro con desesperación. Si desembarcamos, moriremos en la lucha contra los indios; si regresamos a la isla, moriremos de sed y hambre.

Hubo silencio total de parte de los soldados. Sólo se oía el sonido de las olas y los gritos de los indios.

En este momento crítico, habló con mucha calma Pedro de Candía:

—Trataré de vencer a los indios con un engaño. Si pierdo la vida, por favor, recen por mi alma.

—Sí, amigo valiente —dijeron todos.

Pizarro miró con cariño a Pedro. Era el más joven y el más inteligente de los trece.

—Dios te bendiga por tu acción generosa. Nos estás dando una lección de valor —dijo Pizarro, abrazando al soldado.

Poco después, vestido con su armadura y llevando su espada al cinto, bajó Pedro de la nave y, caminando a lo largo de la playa, se dirigió hacia los indios. Llevaba en la mano derecha una cruz de madera y en la izquierda el escudo de metal brillante. Su espesa barba negra y su gran estatura le daban un aspecto majestuoso.

Los indios corrieron asustados a su aldea, dando gritos de terror. Pedro, creyéndose dueño de la situación, se dirigió hacia la aldea con su paso lento y majestuoso. Se detuvo cerca de cuatro viejos, probablemente el cacique y sus sabios. Usando señas, el cacique le preguntó si era divino o humano. Como Pedro no contestó, el cacique impaciente decidió hacer una prueba. Llamó a un grupo de indios que estaban escondidos en el bosque cercano, y éstos, comprendiendo el deseo del viejo, soltaron cinco leopardos grandes y feroces. En seguida, las terribles fieras corrieron hacia el español.

Al verlos acercarse rugiendo, Pedro casi se murió de terror. Pero en ese momento, un rayo de sol, reflejándose en la armadura y el escudo, brilló con tal intensidad que hirió los ojos de los leopardos. Casi ciegos, los animales se detuvieron asustados. Al mismo tiempo, la cruz de madera brilló como si fuera de un metal precioso.

Momentos después, los leopardos se echaron mansamente a los pies de Pedro. Ahora, creyendo que el extranjero era divino, probablemente un mensajero del sol, los indios se arrodillaron humildemente alrededor del español en actitud de adoración.

Así fue como Pedro de Candía, según cuenta la leyenda, salvó la vida a Francisco Pizarro y a sus compañeros.

EJERCICIOS

A. Termine usted las frases con las palabras apropiadas.

1. Pedro de Candía nació en:
   (a) Italia.
   (b) España.
   (c) Creta.

2. Los aventureros españoles fueron al Nuevo Mundo en busca de:
   (a) riqueza, fama y gloria.
   (b) los indios.
   (c) una esposa.

3. A bordo de la nave, los soldados entusiasmados:
   (a) comenzaron a rezar.
   (b) gritaron y agitaron la mano.
   (c) vieron la costa de México.

4. Debido al mal tiempo, los viajeros:
   (a) se marearon.
   (b) se durmieron.
   (c) se perdieron.

5. El traje de Pizarro:
   (a) era muy elegante.
   (b) estaba hecho pedazos.
   (c) estaba en buenas condiciones.

6. Los indios esperaban a los soldados en la costa:
   (a) para darles ayuda.
   (b) para darles la bienvenida.
   (c) listos para luchar.

7. Pedro de Candía quiso:
   (a) engañar a los indios.
   (b) hacer un pacto con los indios.
   (c) matar a todos.

8. Le daban un aspecto majestuoso a Pedro:
   (a) sus pantalones negros.
   (b) las palmas de su sombrero.
   (c) su barba negra y gran estatura.

9. Los indios soltaron:
   (a) un tigre feroz.
   (b) veinte palomas.
   (c) cinco leopardos.

10. Los indios creyeron que Pedro era:
    (a) un ser sobrenatural.
    (b) su cacique.
    (c) el capitán de la nave.

B. Describa lo siguiente con las palabras dadas, formando frases completas.

1. Pedro de Candía: joven / valiente / servía / criado / Pizarro.
2. El mal tiempo: lluvia / torrentes / tempestad / terrible / llevó las naves / isla.
3. El traje de Pizarro: poco apropiado / sucio / capa / pedazos / seda.
4. Los indios: feroces / armados / listos / lucha.
5. Pedro con los indios: se detuvo / cuatro viejos / señas / divino / humano.

C. Conteste las siguientes preguntas:

1. ¿Qué explorador acompañó a Pizarro?
2. ¿Quién descubrió el Mar del Sur?
3. ¿Cuál fue el objeto de la expedición a Sudamérica?
4. ¿Cuántas naves esperaban en la bahía?
5. ¿Quién decidió regresar a Panamá?
6. ¿Cuántos siguieron a Pizarro?
7. Al llegar a la costa, ¿qué situación trágica se presentó?
8. ¿Qué es lo que Pedro les preguntó a los soldados?
9. ¿Qué llevaba Pedro en su mano derecha?
10. ¿Por qué los leopardos se echaron a los pies de Pedro?

D. ¿Cuál es la palabra que no tiene relación con las otras?

1. sapo, escucha, ave, serpiente
2. engaño, caminantes, camino, viajeros
3. Perú, Pizarro, Almagro, Carlos V
4. noche, luna, estrellas, sol
5. mar, nave, playa, arena
6. Panamá, Creta, Italia, Bolivia

Las aventuras de Juan Bobo

Un bobo es una persona ignorante y torpe que no aprende de las experiencias. Se dice que las narraciones de bobos se originaron en la India. De allí fueron llevadas a otras tierras. Así se explica por qué los problemas de los bobos de Asia, Europa, África y las Américas son más o menos iguales.

En casi todos los países hay narraciones de pueblos enteros cuyos habitantes son bobos como los de Gotham en Inglaterra y de Lagos en México. Otras veces, un individuo es el más bobo de los bobos. En la América de habla española, Juan Bobo es el héroe de muchas leyendas. Generalmente este joven, después de cometer una serie de errores divertidos, tiene buena suerte sin hacer nada para merecerla.

É rase una vez,[1] hace muchos años, un muchacho tan perezoso que parecía estúpido. Tenía la mejor voluntad del mundo para portarse bien, pero no hacía ni decía más que tonterías. Por eso todo el mundo, menos su madre inteligente y trabajadora, lo llamaba Juan Bobo.

Cierto día la madre le dijo:

—Vete al mercado del pueblo y vende esta gallina gorda. Con el dinero que recibas, compra una bolsa de arroz.

—Sí, mamá —dijo Juan.

—Y sé cortés y obediente con toda la gente que encuentres por el camino.

—Sí, mamá.

Diciendo esto, Juan tomó la gallina y muy alegre salió para el mercado. Pronto se encontró con mucha gente que venía, la mitad en una carreta y la otra mitad a caballo. Venían de una boda. Andando por la carretera, iban el novio, la novia y los familiares, mientras los amigos los acompañaban montados.

—Tengan ustedes mi más sentido pésame —dijo Juan.

En una ocasión había ido con su madre a un funeral, y como ésta había saludado a la familia de ese modo, Juan creyó que había que saludar así siempre que hubiera mucha gente reunida.

Naturalmente los recién casados, así como los amigos, se enojaron muchísimo y el esposo le dijo a Juan:

—Cuando te encuentres otra vez con mucha gente, debes saludarlos diciendo: «¡Viva, viva!»

—Muchas gracias, así lo haré —respondió Juan, triste por haber confundido los saludos.

Siguió caminando el muchacho, y pronto se encontró con un carnicero y sus tres hijos. Volvían del mercado llevando algunos cerdos que habían comprado. Recordando las palabras del novio, Juan saludó así:

[1]La forma tradicional de empezar una leyenda o un cuento de hadas.

—¡Viva, viva! —mientras agitaba su sombrero como el novio le había enseñado.

Los cerdos, asustados al ver a aquel muchacho que agitaba su sombrero y gritaba, corrieron en otras tantas direcciones por el campo.

El carnicero se enojó y le gritó:

—¡Estúpido! La próxima vez que veas algo semejante, será mejor que saludes: «Dios les dé dos por cada uno».

—Muchas gracias, así lo haré —respondió Juan y siguió caminando.

Cerca del mercado observó a un campesino que quemaba un montón de malas hierbas que había arrancado de sus tierras.

Acordándose de lo que le había enseñado el carnicero, Juan saludó así:

—¡Dios le dé dos por cada uno!

—¿Qué tienes, hijo? No debes decir esto.

—¿Qué debo decir, señor? —preguntó Juan, muy confundido.

—Otra vez que veas algo así, mejor será que ayudes en lugar de decir tonterías.

—Muchas gracias, así lo haré —respondió Juan y siguió caminando, afligido, pensando que él había nacido para equivocarse.

Pronto vio a dos hombres grandes y fuertes que se peleaban en medio del camino. Se acordó entonces de lo que le había aconsejado el campesino y corrió gritando:

—Esperen, señores, yo los ayudaré.

Al ver al muchacho, los hombres dejaron de pelear y empezaron a reírse.

—No debes decir esto —dijo el primer hombre.

—Pues, ¿qué debo decir?

—Debes decir: «No se peleen, por favor, señores».

—Sí, eso es lo que debes decir, joven —añadió el segundo hombre.

—Gracias por sus consejos, señores. Los recordaré.

Y diciendo esto, Juan continuó su camino mientras repetía: —No se peleen, por favor . . .

Al llegar al mercado vendió la gallina y compró una bolsa de arroz, según las instrucciones de su madre. Entonces, ya muy feliz, caminó por el mercado. Observó a los alfareros haciendo y decorando hermosos jarros, grandes y pequeños. Muy contento y boquiabierto, contempló a los sopladores de vidrio, y se lamentó por no tener dinero para comprar un florero para su mamá.

Por fin, salió Juan del mercado y se puso en camino para su casa. Pero, pronto se sintió cansado y subió a un árbol frondoso para dormir la siesta. Se acomodó en una rama ancha, y en un abrir y cerrar de ojos le vino el sueño.

Mientras el joven dormía, el cielo oscuro anunciaba un aguacero, y al poco tiempo comenzaron a caer gotas gruesas. El ruido se la lluvia y el rumor de voces que se aproximaban despertaron al joven. Abrió los ojos y vio a varios ladrones que se refugiaban debajo del árbol.

—Aquí estaremos seguros de la lluvia. Nadie nos verá mientras contamos el dinero que hemos conseguido.

Así habló el jefe de la banda mientras depositaba en el suelo un enorme montón de monedas de oro.

—¡No seas estúpido, Paco! —gritó uno de los ladrones. —No debemos contar el botín hasta la noche.

—¡Silencio! —respondió el jefe golpeando con su mano fuerte al hombre que había hablado.

Alarmado, gritó Juan desde la rama: —¡No peleen, señores, por favor!

Pero, mientras gritaba, rompió el saco que contenía el arroz para su madre.

—¡Ayuda! ¡Ayuda! —gritaron los bandidos. —¡Está cayendo granizo! ¡El dios de la tempestad nos ha descubierto! ¡Corramos!

Y los bandidos corrieron a toda prisa, abandonando su mal adquirido tesoro.

Juan bajó entonces del árbol, y no tardó en recoger el

riquísimo botín que puso en su sarape. Luego, silbando una
canción muy alegre, corrió en dirección de su casa.

—Aquí estoy, mamá, y le traigo un regalo.

Y abriendo su sarape, le enseñó las monedas de oro.

—¡Ay, mi querido Juanito, somos ricos! Pero explícame lo
que pasó.

—No hay nada que explicar, mamá. Es fácil hacerse rico si
una persona es cortés y obediente con toda la gente.

Así habló Juan Bobo, el rico.

EJERCICIOS

A. Termine usted las frases con las palabras apropiadas.

1. Un bobo es una persona:
   (a) arrogante.
   (b) tonta.
   (c) inteligente.

2. Juan iba al mercado para:
   (a) vender una gallina.
   (b) ver a la gente.
   (c) escaparse de su madre.

3. La gente de la boda venía:
   (a) corriendo.
   (b) saltando.
   (c) en carreta y a caballo.

4. El carnicero volvía del mercado con:
   (a) algunos cerdos.
   (b) carne.
   (c) mucho dinero.

5. El campesino:
   (a) corría hacia Juan.
   (b) quemaba las malas hierbas.
   (c) comenzó a pelear.

6. En el mercado Juan compró:
   (a) yerba mate.
   (b) malas hierbas.
   (c) una bolsa de arroz.

7. Juan durmió la siesta:
   (a) en un árbol.
   (b) en su cama.
   (c) al lado del camino.

8. Debajo del árbol Juan vio:
   (a) a varios hombres.
   (b) una gallina gorda.
   (c) a su madre.

9. Los ladrones tenían:
   (a) un arcón lleno de arroz.
   (b) un saco de piedras.
   (c) un enorme montón de monedas de oro.

10. Según Juan es fácil hacerse rico si uno:
   (a) encuentra a unos ladrones.
   (b) es cortés y obediente.
   (c) tiene buena madre.

B. Describa lo siguiente con las palabras dadas, formando frases completas.

1. Juan Bobo: muchacho / perezoso / tonto / hacía / tonterías.
2. Los recién casados: mitad / carreta / a caballo / novia / familiares.
3. El carnicero: tres hijos / cerdos / comprado / se enojó.
4. El campesino: quemaba / montón / malas hierbas / arrancado / tierra.
5. En el mercado Juan Bobo: vendió / gallina / compró / arroz / observó / alfareros / jarros / sopladores / vidrio / dinero / comprar / florero / mamá.

C. Conteste las siguientes preguntas:

1. ¿Qué iba a vender Juan Bobo en el mercado?
2. ¿Qué iba a comprar?
3. ¿A quiénes encontró primero en el camino?
4. ¿Cómo reaccionaron los novios a lo que Juan Bobo les dijo?
5. Cuando Juan gritó, ¿qué hicieron los cerdos?
6. ¿Por qué se rieron los dos hombres que peleaban?
7. ¿A quiénes observó Juan en el mercado?
8. ¿Quiénes se refugiaban debajo del árbol?
9. ¿Caía granizo?
10. ¿Qué regalo le trajo Juan a su madre?

D. Diga lo contrario de:

1. breve	6. olvidaron	11. sin
2. belicoso	7. saqué	12. divino
3. moderno	8. perdí	13. cruel
4. lejano	9. paz	14. delgado
5. generoso	10. orgulloso	15. puesta del sol

E. **¿Es usted un buen detective? Yo creo que sí. Dentro de la palabra** *calendarios* **se esconden más de sesenta palabras, por ejemplo: ala, alas, nadar. Ahora, escriba en papel** *calendarios* **y comience la búsqueda.**

El cojo de Olancho

Fueron los misioneros y los exploradores de España quienes trajeron la religión católica al Nuevo Mundo. Aunque los exploradores querían ganar tierras para su rey y tesoros para sí mismos,
nunca olvidaron su misión de ganar almas para la fe cristiana. Así,
durante la época colonial, cuando la iglesia llegó a ser el centro de
la vida religiosa y social, había un sinnúmero de sucesos mila-
grosos como los que ocurrieron en esta leyenda.

La moraleja de este relato se halla en el carácter de dos hombres: un humilde campesino y un rico avaro. La conclusión con-
tiene una sorpresa tanto para el lector como para los personajes de
la leyenda.

Hace ya más de dos siglos vivía en Olancho un cojo muy avaro llamado Juan. Como no tenía más ocupación que acumular riquezas, hacía pocas amistades entre los vecinos. En realidad, sólo tenía un amigo leal, Isidro. Este era un pobre campesino que vivía feliz con su pobreza y que jamás buscó ningún provecho en casa de Juan. Todos los días visitaba al avaro en su casa grande y hermosa para animarlo en la soledad y el abandono en que se encontraba y ayudarlo con sus negocios. Siendo noble de corazón, Isidro no hacía caso del egoísmo del avaro que nunca le daba las gracias.

Un día en que su esposa estuvo muy enferma, Isidro fue corriendo a la casa de Juan. Por primera vez iba a pedirle ayuda. Pálido y distraído llegó a la puerta de la casa. Adentro vio a Juan contando su dinero.

—Oh, amigo mío —lloró el campesino, —sufro una desgracia y . . .

—No me hables de desgracias —interrumpió Juan. —Nadie es tan desgraciado como yo, que estoy cojo.

—Pero yo también soy desgraciado. Mi querida esposa está muy enferma. Hazme el favor de prestarme bastante dinero para comprarle medicina y buenos alimentos. En dos meses recibiré el dinero de mis cosechas y entonces te pagaré le deuda con interés.

—¡Imposible! —gritó el avaro asustado. —No comprendes que necesito todo mi dinero, cada céntimo. Pide ayuda a Blas o a otros amigos tuyos.

—Ellos son tan pobres como yo —replicó Isidro tristemente.

—Entonces pide ayuda a Nuestro Señor.

—Le he pedido ayuda, Juan, pero parece que no me oye. Es posible que me falte bastante fe.

—El problema es tuyo. No me molestes más, por favor. Estoy ocupado.

Al oír estas palabras, el campesino, lleno de tristeza, salió y se dirigió a su casa. —¿Quién tendrá piedad de mí? ¿Dónde buscaré ayuda?— Y estando en estos pensamientos, se sentó al lado del camino sobre una gran piedra y comenzó a rezar.

—Señor, sólo tú me quedas. Ayúdame, por favor.

Por unos momentos estuvo sentado en silencio, pero ninguna solución llegaba a su mente. Y, lleno de desesperación, se levantó de la piedra y decidió regresar a su casa. Pero cuál no sería su sorpresa al encontrarse en la puerta a su esposa completamente curada.

—Hace unos momentos me encontraba muy mal —casi gritaba la esposa llena de gozo, —pero de repente me sentí mejor que nunca, me levanté y aquí me tienes.

—Vamos a dar las gracias a Nuestro Señor —dijo Isidro, su corazón lleno de gratitud.

Así los dos entraron en la casa y rezaron por mucho tiempo.

Al día siguiente, el pobre campesino, que no guardaba ningún rencor al cojo, se dirigió a la casa de éste. Quería hablarle del milagro.

—¡Encontré a mi esposa en la puerta de nuestra casa completamente curada! —repetía el campesino, lleno de alegría. —¡Ha sido un milagro de Nuestro Señor!

—Tienes razón. Es un milagro —contestó el avaro asombrado.

—Ahora lo que tienes que hacer, Juan, es pedir al Señor que te cure la cojera. Pídeselo con fe y Él te escuchará.

—Lo haré.

—Hazlo cuanto antes, Juan.

—Sí, sí, hoy mismo. ¿Qué te parece que en vez de quedarme en casa rezando, vaya a la iglesia y le haga al Señor la ofrenda de esta cadena de oro?

—Me parece muy bien.

—Pues lo haré. Ahora mismo me pondré en camino. Pero, fíjate en esta cadena. Es de oro puro y vale muchísimo. Me pongo triste al desprendérmela.

—Más vale tener la pierna curada.

—Tienes razón, Isidro.

Y cuando se marchó el campesino, Juan, el cojo, se preparó para ir a la iglesia en el pueblo, y poco después se puso en camino.

* * *

La próxima mañana, toda la gente del pueblo no hablaba de otra cosa. Juan, el cojo, a pesar de ser avaro, fue curado de se cojera, gracias a un milagro de Nuestro Señor.

Frente a la iglesia se reunió un grupo de gente, incluyendo a Isidro, que discutía el milagro. De repente, llegó un coche elegante tirado por dos hermosos caballos árabes. Se paró en la esquina y bajó Juan, caminando sin muletas.

Todos se apresuraron a su lado para hacerle preguntas. Juan, muy alegre, explicó la manera en que se realizó el milagro.

—Me puse a rezar a los pies de la imagen de Nuestro Señor, pidiéndole con toda mi alma que me curara de la cojera. Le prometí darle en ofrenda una cadena de oro. Poco a poco la pierna se ponía más fuerte. Al fin de una hora, más o menos, me puse en pie. Poniendo la cadena a los pies de Nuestro Señor yo salí sin muletas, corriendo de la iglesia, ante el asombro de la gente en la calle.

—Ayer mi esposa y yo también rezamos por ti con toda el alma —dijo Isidro.

—Sí, por supuesto —respondió el avaro en tono muy orgulloso. —No les costó nada rezar, pero el milagro me ha costado una buena cadena de oro.

Apenas terminó de pronunciar sus últimas palabras, cuando Juan, tan pálido como un muerto, se cayó al suelo, gritando:

—¡Ay! ¡Me duele la pierna! ¡Ay, ay! ¡Otra vez soy cojo!

Y en este momento una cadena de oro (que nadie supo por dónde vino) cayó pesadamente junto a los pies de Juan el cojo.

EJERCICIOS

A. Termine usted las frases con las palabras apropiadas.

1. La iglesia:
   (a) era el centro de la vida religiosa y social.
   (b) no había llegado todavía a América.
   (c) no existía.

2. El cojo, Juan, era:
   (a) un pobre campesino.
   (b) un funcionario del gobierno.
   (c) un avaro rico.

3. Isidro:
   (a) nunca visitó a Juan.
   (b) no hacía caso del egoísmo de Juan.
   (c) no quería a Juan.

4. Juan no quiso:
   (a) contar su dinero.
   (b) esperar las cosechas.
   (c) prestarle dinero a Isidro.

5. Cuando Isidro rezó, dijo:
   (a) Ayúdame, por favor.
   (b) Dame medicina.
   (c) Dame dinero.

6. Después del milagro, la esposa de Isidro:
   (a) se sintió mejor y se levantó.
   (b) gritó y brincó.
   (c) comenzó a correr.

7. En vez de rezar en la casa, Juan se dirigió:
   (a) a la calle principal.
   (b) al zócalo.
   (c) a la iglesia.

8. Todo el pueblo hablaba de Juan porque:
   (a) fue curado de su cojera.
   (b) perdió todo su dinero.
   (c) tenía caballos bonitos.

9. Juan prometió darle a Nuestro Señor:
   (a) mucho dinero.
   (b) sus gracias.
   (c) una cadena de oro.

10. La cadena de oro cayó de:
    (a) dónde nadie supo.
    (b) la imagen de Nuestro Señor.
    (c) la mano de Juan.

B. Describa lo siguiente con las palabras dadas, formando frases completas.

1. Juan: pocas amistades / avaro / casa grande / negocios / cojo.
2. Isidro: pobre / noble de corazón / visitaba / animar a Juan.
3. La querida esposa: enferma / prestar dinero / comprarle medicina.
4. El milagro de la esposa: puerta / curada / me sentí mejor / me levanté / gracias a Nuestro Señor.
5. Un coche elegante: tirado / caballos / se paró / esquina.

C. Conteste las siguientes preguntas:

1. ¿En qué pasaba su tiempo Juan?
2. ¿Qué buscaba Isidro en la casa de Juan?
3. ¿Por qué no hizo caso Isidro del egoísmo de Juan?
4. ¿Por qué era desgraciado Juan?
5. ¿Quién se enfermó?
6. ¿Quién tuvo piedad de Isidro?
7. ¿Qué hicieron Isidro y su esposa después del milagro?
8. ¿Qué hizo luego el avaro?
9. ¿Qué le ofreció a Nuestro Señor?
10. ¿Lo aceptó Nuestro Señor?

D. Vamos a ver si usted recuerda el significado de estas palabras:
1. deuda
2. riqueza
3. fe
4. gozo
5. se dirigió
6. relato
7. desgracia
8. siglo
9. sitio
10. finalmente
11. convertido
12. planes
13. sacerdote
14. generoso
15. avaro

El barco vacío

El tema de un convenio entre el diablo y una persona ha sido siempre un tema favorito en la literatura europea. En esta clase de relatos casi por regla general el diablo exige el alma de su víctima a cambio de sus favores.

Esta leyenda difiere un poco de las demás, ya que el protagonista, agobiado por sus deudas, hace un pacto con el diablo, el cual consiste en causar la desgracia de un desconocido, a cambio de recuperar su riqueza.

Hace mucho tiempo vivía en la Argentina una familia importante cuya riqueza de bienes materiales era inmensa, pero desgraciadamente le faltaban bienes espirituales.

Rodeados de lujo y comodidades y embozados en su egoísmo, ningún miembro de esta familia pensó en los desventurados ni en los pobres que apenas tenían un bocado que comer.

Pero un día Alejandro, joven elegante que era en aquella época el jefe de la familia, se dio cuenta de algo increíble: la familia estaba al borde de la bancarrota como consecuencia de la mala administración de bienes y de gastos excesivos.

Era Alejandro un mancebo vivaracho e irresponsable que hasta el presente sólo se había preocupado de divertirse. Por primera vez en su vida se había visto frente a un problema serio y estaba determinado, a toda costa, a rescatar a su familia del inminente desastre.

Día y noche el joven se encerraba para trabajar en el escritorio de la biblioteca, a pesar de estar agobiado por las demandas de los acreedores y las quejas de su familia.

Una noche Alejandro, lanzando una mirada de desesperación hacia el montón de deudas, exclamó amargamente:

—¡Es una tarea imposible! ¡Ojalá que tuviera a alguien para ayudarme!

Apenas había pronunciado estas palabras cuando se abrió lentamente la puerta y entró un elegante caballero impecablemente vestido de negro.

—¿Quién es usted y qué quiere? —demandó el joven asombrado, levantándose de su escritorio.

—Soy un amigo desconocido y vengo de muy lejos para ayudarte —respondió el extraño con voz clara y firme. —Aunque tu problema parezca sin esperanza, te traigo una solución segura e inmediata.

—¿Y cuál es esa solución?

—Es muy sencilla, joven. Clava un alfiler en cualquier punto del mapa mundial que cuelga de la pared e inmediatamente, como por arte de magia, volverás a poseer tu riqueza.

Horrorizado, Alejandro comprendió que el extraño era un ser sobrenatural que poseía poderes ocultos. Si no, ¿cómo era posible que con sólo clavar un alfiler en un mapa se realizara el milagro?

—No tengas miedo —continuó el extraño, observando al aterrorizado joven. —Al clavar el alfiler, un hombre que viva en el sitio que escojas morirá de inmediato. Yo necesito su alma. Tú, en cambio, recibirás la fortuna que has perdido.

—Oh, no, no puedo matar a nadie —exclamó Alejandro.

—Es un ser —dijo persuasivo el intruso— a quien jamás has visto ni verás en tu vida. Así tus manos no quedarán manchadas de sangre. Es la única oportunidad de recobrar tu fortuna, porque yo jamás toco a una puerta dos veces. Decídete y me iré. Al cerrar la puerta tras de mí, tu vida cambiará.

Alejandro, movido por las palabras convincentes, accedió al fin y tomando el alfiler que le dio el extraño, se dirigió al mapa. Después de mirarlo por un momento, apresuradamente clavó el alfiler en un puntito de la América del Sur. Y el puntito representaba la isla de Margarita en Venezuela.

Con una expresión de gozo se retiró el extraño, dejando a Alejandro preocupado. A los pocos minutos se abrió otra vez la puerta y entró, radiante, la hermana mayor del joven. Le anunció muy emocionada que un príncipe rico le había propuesto matrimonio inmediato y que había prometido pagar las deudas de la familia.

Pasaron los días y las promesas del extranjero se cumplieron, pero Alejandro, en vez de ser feliz, sufría un sentimiento de culpabilidad y tristeza que nunca lo dejaba en paz.

Mientras sucedía todo esto, simultáneamente ocurría una tragedia en la lejana isla de Margarita, la preciosa isla con playas que son todo un poema de bellezas naturales.

La mayoría de los hombres de esta isla son pescadores que viven en humildes y limpias casitas en la playa; gente buena, trabajadora y honrada que vive de la pesca que les proporciona el mar.

En la madrugada, una procesión de barcos sale al mar en

busca del diario sustento. Y en tierra, haciendo la señal de la cruz y rezando para que la Virgen los devuelva a todos sanos y salvos, se quedan las madres, hijas y novias de estos pescadores.

Todas las mañanas se repite la misma escena. Y por la tarde, cuando el último barco ha regresado, los pescadores con sus familias se arrodillan en la playa y dan gracias a la Virgen por haberlos librado de nuevo de los constantes peligros del mar.

Entre los pescadores, sólo Luis no estaba contento de su vida humilde. Este joven honrado y trabajador deseaba hacerse rico y viajar a tierras lejanas, ambición que perturbaba y aterrorizaba a su buena esposa Rosa. Diariamente le pedía a Dios que algún día su Luis olvidara esas ideas tan poco comunes y que viera la felicidad en la vida sencilla de la isla.

Una tarde, cuando los pescadores regresaban de alta mar, se desencadenó una terrible tempestad. Olas altísimas se levantaban amenazadoras rompiéndose en blanquísima espuma; en el cielo oscuro parpadeaban incesantes los relámpagos. Era de noche (la misma noche en que el extraño visitó a Alejandro) cuando los pescadores, empapados y fatigados, llegaban a sus hogares. Pero faltaba uno. Era Luis.

—No te preocupes, Rosa. Dentro de poco regresará tu Luis —dijeron los amigos que se quedaron en la playa con la angustiada esposa.

Hora tras hora, Rosa y los fieles amigos, sin hacer caso del viento y la lluvia, vigilaron la orilla del mar, rezando, mirando, esperando. Al fin, poco antes de amanecer, en medio de las sombras, se distinguió el barco de Luis. Pero estaba vacío.

Durante varios días, los pescadores buscaron a su compañero estimado, pero en vano. Nunca volverían a ver al valiente que había perdido la vida durante la tempestad. En cambio, la esperanza aún vivía en el alma buena de Rosa que tenía un presentimiento que algún día Luis volvería.

Mientras esto sucedía en la isla, en la Argentina, Alejandro sufría una agonía de espíritu constante, creyéndose el asesino de una persona inocente.

Un día el joven anunció a su familia:

—Mañana parto en el barco «San Martín» para el norte. No sé cuándo volveré.

Alejandro no explicó el motivo de su viaje ni por qué repartía anónimamente su fortuna entre el asilo para huérfanos de su ciudad y los pobres de la isla de Margarita.

Al llegar a su destino, el joven comenzó a investigar la verdad de lo que sucedió a consecuencia de su pacto con el extraño. Poco trabajo le costó llegar a la conclusión de que «la casa del barco vacío» era la casa de su víctima y que Rosa era la triste viuda.

A los pocos meses, Alejandro, por su carácter amable y cortés, se había ganado la amistad de la gente que lo invitó a vivir con ellos y hacerse pescador, una invitación que fue aceptada con gratitud.

Se hizo muy amigo de la familia de Luis y Rosa, y cada noche lloró por la pena que les había causado. Poco a poco Alejandro cambiaba. Se hizo una persona humilde y generosa, un amigo para todos los pobres, ayudándolos siempre aun en los trabajos más desagradables.

Una noche, la luz de la luna alumbró la figura de un hombre que se acercaba a la «casa del barco vacío», y al llegar, tocó a la puerta. Cuando abrió Rosa, dio un grito de alegría:

—¡Ay, Luis, mi querido Luis! Gracias a Dios y a la Virgen por haberme escuchado.

El regreso de Luis fue motivo de júbilo para todos y Rosa creía morir de alegría, lo mismo que Alejandro.

Al asombro de todos, Luis contó:

—La noche de la tempestad me estaba ahogando cuando me rescató un buque que viajaba a Europa. Durante los siguientes meses sufrí graves enfermedades y pesadillas extrañas. En mis sueños creía que el diablo trataba de llevarme consigo. Pero ahora todo eso ha pasado y mi único deseo es pasar la vida aquí con mi preciosa Rosa y mis leales amigos.

«La casa del barco vacío» dejó de llamarse así desde que regresó Luis, pues su barco se unió con los otros y el dueño trabajó con más entusiasmo que nunca.

Se cuenta que a los pocos años Alejandro se casó con una margariteña y que los padrinos de su primer niño fueron Rosa y Luis.

EJERCICIOS

A. Termine usted las frases con las palabras apropiadas.
1. Alejandro, jefe de la familia:
   (a) decidió casarse.
   (b) se dio cuenta de que estaba en bancarrota.
   (c) decidió volver a la universidad.

2. Alejandro:
   (a) sólo se había preocupado de divertirse.
   (b) no cesó de reírse.
   (c) salió para España.

3. Un elegante caballero:
   (a) llegó en una nube blanca.
   (b) apareció de repente.
   (c) entró por la puerta.

4. La solución es:
   (a) clavar un alfiler en el mapa.
   (b) cambiar de ropa.
   (c) vender todas las posesiones.

5. «Al clavar el alfiler:
   (a) sabrá usted a dónde va.»
   (b) todos sabrán que usted es pobre.»
   (c) un hombre morirá.»

6. «Así tus manos:
   (a) estarán sucias.»
   (b) no quedarán manchadas de sangre.»
   (c) estarán llenas.»

7. Clavó el alfiler en:
   (a) la isla de Margarita.
   (b) Buenos Aires.
   (c) el canal de Panamá.

8. A los pocos minutos:
   (a) la hermana mayor anunció que un rico le había propuesto matrimonio.
   (b) entró el notario indicando que habían heredado una fortuna.
   (c) descubrieron un arcón lleno de dinero.

9. La mayoría de los hombres de la isla eran:
   (a) piratas.
   (b) militares.
   (c) pescadores.

10. Esa tarde:
    (a) se desencadenó una tempestad.
    (b) el sol brilló.
    (c) todos los barcos llegaron bien a la playa.

B. Describa lo siguiente con las palabras dadas, formando frases completas.

1. La solución: clava / alfiler / punto / mapa / arte / magia / poseer / riqueza.
2. La hermana mayor: abrió / puerta / anunció / príncipe / rico / propuesto / matrimonio / prometido / deudas.
3. Una tarde: pescadores / regresaban / mar / se desencadenó / tempestad.
4. Hora tras hora: vigilaron / mar / rezando / esperando / se distinguió / barco.
5. A los pocos meses Alejandro: carácter / amable / humilde / amistad / gente / invitó / hacerse / pescador.

C. Conteste las siguientes preguntas:

1. ¿Por qué estaba preocupado Alejandro?
2. ¿Quién era el elegante caballero?
3. ¿Cuál era la solución?
4. ¿Dónde clavó el alfiler?
5. ¿Qué hacían la mayoría de los hombres de la isla?
6. ¿Qué pasó cuando los pescadores regresaban de alta mar?
7. ¿Qué barco regresó sin pescador?
8. ¿Cómo se cambió Alejandro?
9. En los sueños de Luis, ¿quién quiso llevarlo consigo?
10. ¿Quiénes fueron los padrinos del primer niño de Alejandro?

La camisa de Margarita

Esta leyenda se incluye en *Tradiciones peruanas*, compiladas por el eminente autor Ricardo Palma que nació y murió en Lima (1833–1919).

Esta leyenda tiene lugar en Lima, la Ciudad de los Reyes, fundada por Francisco Pizarro el 6 de enero de 1535. Alrededor de una inmensa plaza, la Plaza de Armas, el conquistador mandó construir la catedral, la más antigua de toda Hispanoamérica, y el Palacio Nacional donde vivió Pizarro hasta su muerte en 1541. Por muchos años el Palacio ha servido de residencia a los presidentes peruanos.

Santa Rosa es la santa patrona de la ciudad. En honor de su día, el 30 de agosto, los fieles actualmente participan en una procesión. Pero en 1765, época en que se desarrolla esta leyenda, la procesión que pasó alrededor de la Plaza de Armas fue una ocasión de interés para todos los ciudadanos. La leyenda trata del amor, el orgullo, y la decepción benévola.

E n las calles de Lima no es raro oír a las viejas criticar el precio de un artículo con esta expresión:
   —¡Cómo! ¡Si esto es más caro que la camisa de Margarita Pareja!

¿Cómo se originó este dicho tan curioso? ¿Quién fue esa Margarita cuya camisa anda en lenguas en el Perú?

Margarita Pareja era la hija mimada y caprichosa de don Raimundo Pareja, colector general del puerto de Callao. La muchacha era una de esas limeñitas que, por su belleza y modestia, había cautivado los corazones de los jóvenes más ricos y nobles de la Ciudad de los Reyes.

Llegó de Madrid en aquel entonces un arrogante mancebo llamado don Luis Alcázar. Tenía éste en Lima un tío solterón, el hidalgo más rico, el más avaro y también el más orgulloso de toda la ciudad.

Mientras le llegaba la ocasión de heredar del tío, vivía nuestro don Luis tan pelado como una rata y pasando la pena negra. Hacía todas sus compras al fiado, prometiendo pagar cuando mejorara de fortuna.

En la procesión de Santa Rosa[1] conoció Alcázar a la linda Margarita y la muchacha le llenó el ojo y le flechó el corazón. Le echó flores, y aunque ella no contestó ni sí ni no, dio a entender con sonrisas y las armas del arsenal femenino que el galán era muy de su gusto. La verdad es que se enamoraron hasta la raíz del pelo.

Como los amantes olvidan que existe la aritmética, creyó don Luis que para llevar a cabo su plan no sería obstáculo su presente pobreza. Por eso, fue al padre de Margarita y sin vacilación, le pidió la mano de su hija.

Como don Raimundo no se interesó en la petición, le despidió pronto, pero con cortesía, al galán, diciendo que Margarita era aún muy niña para tomar esposo, a pesar de sus dieciocho abriles.

---

[1] (1586–1617) Santa patrona de Lima.

Pero la verdad era que don Raimundo no quería ser suegro de un pobretón; y así hubo de decirlo en confianza a sus amigos. En seguida uno de ellos fue con el chisme a don Honorato, que así se llamaba el tío del joven. Este, que era más altivo que el Cid,[2] gritó de rabia y dijo:

—¡Cómo se entiende! ¡Insultar a mi sobrino! No hay mejor joven en la ciudad de Lima. ¡Qué insolente es este colectorcillo de Callao!

Por su parte, al enterarse de la decisión de su padre, Margarita se puso furiosa. Gritó, se arrancó el pelo y amenazó con envenenarse (aunque le faltaba el veneno) y hablaba de hacerse monja. Perdía colores y carnes y se desmejoraba a vista de ojos.

Se alarmó el padre de la joven y consultó a médicos y a curanderas. Todos declararon que la única medicina salvadora no se vendía en la botica.

O casarla con el joven de su gusto, o encerrarla en el cajón con cruz y flores. Tal fue la conclusión médica.

Don Raimundo (¡al fin y al cabo era su padre!), olvidándose de coger capa y bastón, se encaminó como loco a casa de don Honorato, y le dijo:

—Vengo a pedirle que mañana se case su sobrino con Margarita, porque si no, la muchacha va a morir.

—No puede ser —contestó con enojo el tío. —Mi sobrino es un pobretón, y lo que usted debe buscar para su hija es un hombre con plata.

El diálogo fue tempestuoso. Finalmente, Luis entró en la sala y dijo:

—Somos cristianos, tío, y no debemos matar a una inocente.

—¿Tú te das por satisfecho, Luis?

—De todo corazón, tío y señor.

—Pues, bien, muchacho. Consiento en darle gusto, pero

[2]Rodrigo Díaz de Vivar (1043–1089), el Cid, fue héroe de la Reconquista.

con una condición, y es ésta: Don Raimundo tiene que jurar ante la imagen de la santa Virgen que no regalará ni un ochavo[3] a su hija ni la dejará un real[4] en la herencia.

—Pero, hombre —gritó Raimundo, —mi hija tiene veinte mil duros[5] de dote.

—Renunciamos a la dote. La señorita vendrá a casa de su marido sólo con lo que tiene puesto.

—Permítame regalarle los muebles, don Honorato.

—Ni un alfiler. Si no le gusta, puede dejarlo y que se muera la chica.

—Sea razonable, don Honorato. Mi hija necesita llevar siquiera una camisa para reemplazar la puesta.

—Bien. Para que no me acuse de obstinado consiento en que le regale la camisa de novia y nada más.

Al día siguiente don Raimundo y don Honorato se dirigieron muy de mañana a la iglesia de San Francisco, y arrodillándose a los pies de la estatua de la Virgen, dijo el padre de Margarita:

—Juro no dar a mi hija más que la camisa de novia. ¡Que Dios me condene si no cumplo mi juramento!

Y don Raimundo cumplió su juramento, porque ni en vida ni en muerte dio después a su hija cosa que valiera un ochavo.

Pero los encajes de Flandes que adornaban la camisa de novia costaron mil setecientos duros y el cordón que ajustaba al cuello era una cadena de brillantes que valía una fortuna.

Por supuesto, los recién casados nunca explicaron al tío el valor de la camisa de Margarita.

---

[3]Moneda antigua de poco valor.
[4]Moneda que vale más que un ochavo.
[5]Moneda antigua de plata de valor considerable.

EJERCICIOS

A. **Termine usted las frases con las palabras apropiadas.**
1. Margarita Pareja:
   (a) había conquistado los corazones de los jóvenes más ricos.
   (b) era fea y gorda.
   (c) no sabía tratar a la gente.

2. El tío de Luis era:
   (a) muy popular entre la gente.
   (b) muy liberal con su dinero.
   (c) avaro y orgulloso.

3. Luis conoció a Margarita:
   (a) en el hotel.
   (b) en la procesión.
   (c) en el barco.

4. Don Raimundo no quería ser suegro de:
   (a) un pobretón.
   (b) un español.
   (c) un joven perezoso.

5. El padre de Margarita se alarmó cuando:
   (a) ella salió de la casa corriendo.
   (b) los médicos indicaron que la medicina no le serviría.
   (c) Luis no quiso casarse con Margarita.

6. La condición que imponía el tío de Luis era:
   (a) que Margarita no podía casarse con Luis.
   (b) que Luis no podría regalarle nada a Margarita.
   (c) que don Raimundo no podría regalarle nada a Margarita.

7. El único regalo que podía aceptar Margarita de su padre era:
   (a) el anillo.
   (b) la camisa.
   (c) la música.

8. Juraron delante:
   (a) del altar mayor.
   (b) del cura.
   (c) de la Virgen.

9. Don Raimundo no le regaló a su hija:
   (a) ni un ochavo.
   (b) brillantes.
   (c) encaje.

10. Los recién casados:
    (a) explicaron a todo el mundo lo que había hecho don Raimundo.
    (b) contaron a todos sus amigos cómo don Raimundo había engañado a don Honorato.
    (c) nunca explicaron al tío el valor de la camisa.

B. Describa lo siguiente con las palabras dadas, formando frases completas.

1. Margarita: mimada / caprichosa / limeñita / belleza / modestia / cautivado / corazones / jóvenes.
2. Luis Alcázar: de Madrid / arrogante / tío / solterón / rico / avaro / orgulloso.
3. Se enamoraron: echó flores / sonrisas / armas / arsenal / galán / gusto.
4. Don Raimundo: no quería / suegro / pobretón / decirlo / confianza / chisme.
5. Juraron: delante / imagen / Virgen / no dar / camisa / novia.

C. Conteste las siguientes preguntas:

1. ¿Cómo cautivaba Margarita los corazones de los jóvenes?
2. ¿De quién se enamoró ella?
3. ¿Por qué no tenía dinero Luis?
4. ¿Cómo quiso matarse Margarita?
5. ¿Qué declararon los médicos tocante a Margarita?
6. ¿Qué juramento hizo don Raimundo?
7. ¿Qué fue el único regalo que don Raimundo podía darle a Margarita?
8. ¿De dónde venía el encaje?
9. ¿Cuánto valía la cadena de brillantes?
10. ¿A quién no contaron los novios el valor de la camisa?

D. ¿Sabe usted aritmética? Vamos a ver.
1. Escriba el número del mes en que usted nació.
2. Luego, multiplíquelo (×) por 2.
3. Ahora añada (+) 5.
4. Multiplique (×) el número por 50.
5. Añada la edad de usted.
6. Resta (−) 365.
7. Luego añada 115.

Ahora ha terminado
su tarea.
¿Es correcta la respuesta?
¡Abajo lea!
La respuesta: el número del mes en que nació y su edad.

E. Proverbios. ¿Cuáles son las letras que faltan?
1. Quien busca __al__a.
2. Más vale t__r__e que nunca.
3. Quien mucho du__rm__, poco aprende.
4. Preguntando se llega a R____a.
5. La v__rda__, aunque severa, es am__g__ verdadera.

Los árboles de flores blancas

La nación zapoteca, situada en lo que hoy es el estado de Oaxaca, fue una de las más antiguas de México. Su existencia duró por más de mil años. Muchos hombres ilustres de la República han nacido en esta región, incluso dos famosos presidentes: el licenciado Benito Juárez, una de las figuras políticas más admiradas del país; y el general Porfirio Díaz. Por esta coincidencia Oaxaca también es conocida como «la cuna de los patriotas».

«Los árboles de flores blancas» es una leyenda de romance e intriga; sus personajes principales y los sucesos tienen orígenes históricos.

El rey azteca, llamado el «Rojo Ahuizolt», era un símbolo de terror entre sus vecinos. Hizo constantes guerras para capturar prisioneros, cuyos corazones fueron ofrecidos en sacrificio al dios Huitzilopochtli.[1] A pesar de la crueldad con que trataba a sus enemigos, el rey amaba profundamente a su pueblo y a la magnífica ciudad de Tenochtitlán,[2] con sus hermosos jardines, sus inmensos palacios y sus grandes templos.

[1]Dios de la guerra.
[2]La capital de los aztecas.

Era el siglo quince y el joven rey Cosijoeza acababa de ocupar el trono de los zapotecas en la bella ciudad de Juchitán, llamada ahora Oaxaca. La gente del reino quería mucho a su nuevo soberano que era bondadoso, sabio y valiente. También era un guerrero astuto, talento necesario en aquellos tiempos en que sus vecinos, los aztecas, luchaban continuamente para conquistar el reino zapoteca por medio de las armas o del engaño.

Una tarde el joven rey paseaba por los jardines del palacio para gozar de la belleza de los árboles de flores blancas. Era la hora en que acostumbraban a abrirse las inmensas flores y su delicado aroma se extendía por toda la ciudad. En verdad, los dioses habían favorecido a los zapotecas cuando les regalaron aquellos árboles hace miles de años, árboles que solamente se encontraban en aquel lugar.

De repente, el paseo del rey fue interrumpido por la llegada de uno de sus criados y unos emisarios aztecas.

—Decid el mensaje, por favor —dijo el rey a los emisarios, ansioso de saber cuál sería el nuevo engaño de su vecino azteca.

—Nuestro rey, el gran Ahuizolt, desea que le enviéis unos árboles de flores blancas. Quiere plantarlos en los jardines del palacio y a lo largo de los canales en nuestra encantadora Tenochtitlán —fue la respuesta.

Cosijoeza no respondió inmediatamente. Recordaba que por muchos años, Ahuizolt había tratado en vano de conseguir algunos de esos árboles. También recordaba que los aztecas siempre pagaban un bien con un mal.

Uno de los emisarios, impacientándose, declaró:

—Si no enviáis a mi rey los árboles, él mandará que sus guerreros aztecas se apoderen de vuestro reino. De esta manera él será dueño de todos los preciosos árboles.

—Decid a vuestro rey que no podrá tener mis árboles ni mi reino —respondió con calma el joven rey.

Tan pronto como los emisarios habían salido para su país, el rey zapoteca reunió a los jefes guerreros y les dijo:

—Otra vez tenemos que pelear para salvar nuestras vidas y salvar a nuestra hermosa Juchitán del poder de los aztecas. Preparad todas las fortificaciones y las flechas envenenadas.

Los fuertes guerreros lo escucharon y prometieron obedecerlo en todo lo que mandara, pues tenían en su rey una fe sin límites. Así, tres meses más tarde cuando llegó el ejército azteca, cansado de su viaje, fue vencido en pocos días por los valientes guerreros zapotecas.

Al saber de la derrota de su ejército, el rey azteca se puso furioso. Entonces resolvió hacer uso de la astucia para obtener los árboles y, más tarde, el reino zapoteca.

Para llevar a cabo su plan, resolvió pedir la ayuda de Coyolicatzín, su hija más hermosa y más amada. Por eso, la llamó y le dijo:

—Hija mía, necesito tu ayuda para una misión difícil y peligrosa.

—A sus órdenes, padre mío.

—Quiero poseer los árboles de flores blancas y conquistar el reino zapoteca. Este es el plan —añadió el rey, y explicó a su hija la parte que ella debía ejecutar.

A los pocos días, la princesa salió secretamente de la ciudad, acompañada de sus criadas. Todas se dirigieron hacia la hermosa capital de los zapotecas. Para la princesa, el camino era largo y difícil, pero se confortaba y se llenaba de alegría pensando en la confianza que en ella depositaba su padre. Por fin, las viajeras llegaron a un bosque cerca del palacio en Juchitán y allí pasaron la noche.

Al día siguiente, cuando el rey paseaba por el bosque, se detuvo asombrado. Frente a él vio a una joven bella, hermosamente vestida y adornada con joyas preciosas.

—¿Quién eres, hermosa joven? —preguntó el rey. —Pareces una diosa que ha bajado del cielo.

—Soy la más infeliz de las jóvenes y camino por tierras desconocidas en busca de mi felicidad sin encontrarla.

—En Juchitán soy bastante poderoso. Dime lo que puedo hacer por ti.

La princesa sonrió dulcemente y respondió con palabras vagas, sin decir nada concreto y mucho menos quién era.

—Ven conmigo a mi palacio donde mi madre te cuidará con cariño —pidió el rey.

La princesa fingió aceptar de mala gana la invitación cordial, pero en verdad esto era parte de su plan. Así ella, acompañada de sus dos criadas, pasó felizmente varios días en el palacio del joven rey. Y cuando éste se enamoró completamente de la hermosa y misteriosa joven, ella le dijo:

—Ha llegado la hora en que tengo que partir. Por un poder maravilloso he tenido el gusto de conocerte, pero tengo que volver a mi país.

Cosijoeza no quiso escuchar las palabras de la joven.

—No quiero que me abandones —le dijo. —Quédate aquí para siempre y sé mi esposa. O, si lo prefieres, dime cuál es tu país y yo te seguiré aun si tenga que sufrir toda clase de peligros.

La princesa miró con fingida tristeza.

—Es muy difícil que yo pueda ser tu esposa, pues mi padre es el rey azteca, Ahuizolt.

El joven rey se quedó perplejo ante aquella confesión. Pero estaba tan enamorado de la hermosa joven que aun las mayores dificultades le parecían fáciles de vencer. Por eso contestó:

—Vuelve a tu hermosa Tenochtitlán, si ese es tu deseo. Pronto irán mis emisarios y pedirán tu mano al poderoso Ahuizolt, tu padre.

Lleno de honda tristeza quedó el rey mientras la princesa marchaba contenta hacia su padre. Ya había cumplido felizmente la primera parte del programa que aquél le había encomendado.

*   *   *

Poco después de la llegada de la joven a Tenochtitlán, aparecieron los emisarios del rey zapoteca. Venían cargados de riquezas para ofrecérselas a Ahuizolt como prenda de amistad y también para pedirle la mano de la bella Coyolicatzín.

Mirando los regalos, el rey azteca respondió con fingida sorpresa:

—Me sorprendió vuestra misión. En otras ocasiones los aztecas y los zapotecas han sido enemigos. Pero este matrimonio que vuestro rey desea será de ahora en adelante la base firme de nuestra paz y amistad.

Y después de unos momentos de fingida tristeza, continuó:

—La hija que me pedís, y que ha de salir de mi lado es la más querida. Pero volved y decid al rey que pronto recibirá en Juchitán a la hermosa Coyolicatzín.

Llenos de alegría por la buena noticia que llevaban a su rey, volvieron los emisarios. Nadie pudo sospechar la traición que el rey azteca y su hija iban a llevar al mismo palacio de Juchitán.

Antes de la salida de la princesa, el rey azteca le habló, diciendo:

—Poco a poco, hija, tienes que enterarte de los secretos del ejército zapoteca, incluyendo las fortificaciones. Aprende también cómo se hacen las flechas envenenadas. Entonces dirás estos secretos a mis emisarios que te visitarán de vez en cuando. Así, cuando lleguen mis guerreros, podrán conquistar el reino en pocos días.

—Padre mío, usted puede confiar en mí. Yo me enteraré de todo lo que desea y se lo diré a su emisarios.

—Gracias, hija mía. Tengo confianza en ti. Después de la conquista, podrás volver de nuevo a nuestro palacio y casarte con uno de los jóvenes nobles.

* * *

Las bodas de la princesa azteca y el rey zapoteca fueron celebradas con gran esplendor y alegría en Juchitán y el rey se sintió el más feliz de todos los hombres.

Iba pasando el tiempo y la princesa, poco a poco y con

mucha prudencia, fue enterándose de las fortificaciones secretas.

Un día llegaron unos emisarios del rey azteca y la princesa les anunció:

—Decid a mi padre que aún no he descubierto lo más importante para él, el secreto de las flechas envenenadas. Pronto enviaré nuevas noticias.

Siguió pasando el tiempo y ya la hermosa princesa había descubierto todos los secretos que su padre quería saber. Pero también había descubierto algo más, algo que había sucedido en su alma. Amaba con todo el corazón a su esposo y a los zapotecas y sabía que nunca sería capaz de engañarlos.

No podía resistir más y fue corriendo en busca de su esposo. Con verdaderas lágrimas de amor le contó todo lo que había sucedido.

El joven rey, con palabras cariñosas, perdonó a su esposa que, desde aquel día en adelante, dedicó su vida a su esposo y a la gente zapoteca.

Se dice que en gratitud a la lealtad de la princesa, el joven rey zapoteca envió como regalo a Ahuizolt unos árboles de flores blancas. Hoy día se pueden ver árboles de esta clase en Tenochtitlán, la vieja capital de los aztecas, que ahora se llama la Ciudad de México.

EJERCICIOS

A. Termine usted las frases con las palabras apropiadas.

1. Juchitán es ahora:
   (a) Oaxaca.
   (b) la capital de México.
   (c) Nueva España.

2. Los árboles de flores blancas:
   (a) eran altísimos.
   (b) no existían en Oaxaca.
   (c) sólo se encontraban en Oaxaca.

3. Ahuizolt era:
   (a) el rey de los aztecas.
   (b) el rey de los zapotecas.
   (c) el rey de los mayas.

4. Los zapotecas usaban flechas:
   (a) largas.
   (b) afiladas.
   (c) envenenadas.

5. La princesa hizo el viaje por un camino:
   (a) ancho y espléndido.
   (b) protegido por los árboles.
   (c) largo y difícil.

6. La princesa dijo que:
   (a) tenía que regresar a su país.
   (b) no quería a Cosijoeza.
   (c) no quería los árboles de flores blancas.

7. El rey zapoteca se quedó:
   (a) contento.
   (b) triste.
   (c) boquiabierto.

8. Los emisarios del rey zapoteca:
   (a) llevaban riquezas a Ahuizolt.
   (b) no querían llegar a Tenochtitlán.
   (c) llevaban flores blancas al rey azteca.

9. Los emisarios volvieron:
   (a) tristes y cansados.
   (b) llenos de alegría.
   (c) sospechando traición.

10. Las bodas fueron celebradas:
    (a) de noche.
    (b) dentro de una pirámide.
    (c) con gran esplendor y alegría.

B. Describa lo siguiente con las palabras dadas, formando frases completas.

1. El gran Ahuizolt: quiere / árboles / flores / jardines / palacio / canales.
2. El ejército azteca: cansado / viaje / vencido / guerreros / zapotecas.
3. La princesa: joven / bella / vestida / adornada / joyas.
4. El rey azteca dijo: sorprendió / misión / enemigos / matrimonio / base / paz / amistad.
5. El rey azteca a la princesa: enterarte / secretos / ejército / fortificaciones / flechas.

C. Conteste las siguientes preguntas:

1. ¿Cómo se llamaba Oaxaca en aquellos días?
2. ¿Quién había favorecido a los zapotecas con los árboles de flores blancas?
3. ¿Qué quería el rey azteca?
4. ¿Con qué pagaban un bien los aztecas?
5. ¿Quiénes vencieron en la batalla?
6. ¿Quién iba a ayudarle al rey azteca?
7. ¿Con quiénes salió la princesa?
8. ¿Hacia dónde salieron ellos?
9. ¿Se enamoró el rey zapoteca?
10. ¿Guardó la princesa su secreto?

D. ¿Cuál es la diferencia entre:

1. plata, plato?
2. se, sé?
3. paso, paseo?
4. sobrino, sobrina?
5. hombre, hombro?
6. pobre, pobretón?
7. ramo, rama?
8. rata, rato?
9. nuevo, nueve?
10. hacia, hacía?

E. Escriba usted el sinónimo (palabra que tiene el mismo o casi el mismo significado) de:

1. muy grande
2. jefe
3. pasear
4. luchaban
5. plan
6. llevar a cabo
7. tormenta
8. riquezas
9. de pronto
10. salida
11. marido
12. tonto
13. deidad
14. hogar

La calle de la Machincuepa

La capital de Nueva España (México) fue construida al estilo de las ciudades de España. En el centro había una plaza y alrededor de ésta se encontraban la catedral y las oficinas del gobierno. Fue en esta plaza, la Plaza Mayor,[1] donde pasó el episodio dramático de esta leyenda.

Cerca de la Plaza Mayor había calles con nombres que recordaban algún suceso verdadero o imaginario. Así, la calle frente a la casa de don[2] Mendo llevó por muchísimo tiempo el nombre de la calle de la Machincuepa; y las calles cercanas se llamaban el niño perdido y el indio triste. Hoy día los nombres de las calles de la Ciudad de México son más cortos y menos pintorescos.

[1]Ahora se llama el Zócalo o la Plaza de la Constitución.
[2]Título que precede el nombre de un caballero.

En la primera parte del siglo dieciocho un español de sangre noble se despidió de sus únicos parientes, un sobrino y la hijita de él, y salió para el Nuevo Mundo. Cruzando los mares, vino a la ciudad que había sido la espléndida capital de Moctezuma.[3] Allí se estableció en una mansión elegante con muchos criados.

Venía el español, don Mendo Quiroga y Suárez,[4] Marqués de Valle Salado, cargado de recomendaciones para el virrey y con un montón de dinero. Así le fue fácil hallar amigos entre los altos funcionarios del gobierno y la gente rica de la capital. Pero siendo humilde, generoso y compasivo, don Mendo prefirió pasar sus días ayudando a los pobres y a los enfermos en vez de asistir a las fiestas de los ricos.

Un día don Mendo, algo preocupado, fue a visitar a su mejor amigo, el virrey de Nueva España.

—Vengo a pedirte consejos, don Rodrigo —dijo el amable marqués.

—Habla con toda confianza, amigo mío. Sabes que puedes confiar en mí.

—Sí, lo sé, y te lo agradezco. Pues, acabo de recibir de España noticias de la muerte de mi sobrino, ¡que en paz descanse! Ahora su hijita, Paz, de quince años, queda huérfana. Afortunadamente, su nana, la vieja Eulalia, la cuida bien. Pero, ¿qué debo hacer?

—Te aconsejo que las invites a vivir en tu casa. ¡Qué felicidad traerá la señorita a tu mansión solemne! Habrá risas alegres, serenatas románticas, fiestas y bailes.

—Estoy de acuerdo. Hoy mismo le mandaré la invitación y el dinero para el viaje y otros gastos.

La sobrina aceptó la invitación con gusto. Pero ella y su nana no llegaron a su nueva casa hasta la temporada navideña que toda la gente celebraba con piñatas y posadas.[5]

---

[3]Emperador de los aztecas cuando llegaron los españoles en 1519.
[4]Mendo es su nombre, y Quiroga y Suárez son sus dos apellidos. Generalmente, el primer apellido (Quiroga) es de su padre y el segundo (Suárez) de su madre.
[5]Fiestas que se celebran del 16 al 24 de diciembre. Conmemoran la busca de alojamiento por María y José en Belén.

Don Mendo dio un gran baile para presentar a su sobrina a la alta sociedad de la capital. Todos, incluyendo el tío, estaban encantados de la hermosa señorita. Era alta y delgada. Tenía los ojos y cabellos tan negros como el ala de un mirlo, la tez blanquísima, las manos y los pies aristocráticos. De verdad era graciosa y bella como la primavera.

Pero en los meses siguientes, todo el mundo observó que en contraste con su belleza física, Paz tenía un carácter desagradable. Era ingrata, descortés y aun orgullosa.

—Mi querida sobrina —le aconsejó don Mendo, —debes ser más cortés. Si no, tendrás muy pocos amigos.

—No me importa. Las personas aquí son ignorantes. No quiero su amistad —contestó Paz.

El tío tuvo razón. Al fin de un año, le quedó a Paz solamente dos amigos, su tío y su nana. A pesar de su carácter desagradable, los dos la querían mucho.

Un día ocurrió una tragedia en la gran mansión. De repente don Mendo se puso muy grave y antes de la puesta del sol había muerto. Al recibir la noticia, todos en la capital se pusieron tristes. Todos lloraron la pérdida de su buen amigo.

En la mansión de don Mendo, la sobrina derramó copiosas lágrimas falsas de uno de sus bellos ojos, mientras que con el otro se fijó en un viejo arcón cerrado con llave. Bien sabía Paz que allí estaba guardado el testamento de su tío.

Llegó el día fijado cuando el notario debía venir a la mansión. Abrió el arcón con llave. Sacó el testamento de don Mendo y con toda solemnidad lo leyó en presencia de Paz, el virrey y otros amigos:

«Yo, don Mendo Quiroga y Suárez, Marqués de Valle Salado, dejo todos mis bienes a mi sobrina, Paz Quiroga, pero...»

—Sí, por supuesto. Merezco todo —interrumpió Paz descortésmente.

En los labios del notario se veía una sonrisa expresiva mientras se preparaba a leer la otra parte del testamento.

«...pero a condición de que ella pague todos los tormentos que me hizo sufrir en la vida, pues de otro modo todos mis bienes pasarán a la Orden de San Francisco y a la de Mercedes, por partes iguales. El pago que demando a mi sobrina es éste: con un vestido de baile puesto, irá en un coche descubierto por las calles principales de la capital; entonces en el pabellón construido en el centro de la Plaza Mayor, bajará la cabeza y dará tres machincuepas en presencia de todos los espectadores que allí se reúnan. De otro modo, la herencia irá a las órdenes.

(Firmado) El Marqués de Valle Salado»

Si una bomba hubiera explotado a los pies de la señorita orgullosa, no hubiera hecho más efecto que la lectura de la última parte del testamento.

—¡Ay, ay! ¿Qué voy a hacer? —gritó Paz, llorando sinceramente esta vez. —No puedo hacerlo.

—La decisión es tuya y . . . —Pero el notario no terminó la frase porque la señorita salió corriendo de la sala.

Recordando que «Poderoso caballero es don Dinero», Paz tomó su decisión. Así, en una mañana de sol en que parecía que había millones de personas en la Plaza Mayor, la sobrina bajó de su coche elegante y subió al pabellón.

Por un momento, ella miró a la gente. Vio a muchos amigos de su tío. Vio a los jóvenes que habían tratado de ser sus amigos. ¡Qué serios parecían todos!

—Sin duda, han venido para burlarse de mí —pensó Paz. —Pero no importa. No los veré otra vez. Al recibir mi herencia, saldré para España.

Entonces con mano trémulas, la señorita cogió sus anchas faldas, se puso de rodillas con la cabeza en el piso del pabellón y dio la primera machincuepa.

Esperaba oír risas, pero no oyó ninguna.

Rápidamente la señorita dio la segunda machincuepa y la tercera. Entonces levantándose, corrió hacia su coche.

—Llévame a casa pronto —mandó Paz al cochero.

Al salir, se oyeron los gritos de la gente. Pero, ¿qué decían? La señorita escuchó con sorpresa.

—¡Viva la sobrina! ¡Viva nuestra amiguita valiente!

Repetidas veces Paz oyó aquellas voces. Entonces lloró sin consuelo.

A la semana, cuando el notario vino para hablar con la sobrina, ella le dijo:

—Quiero ser digna de mi tío, que era un santo. Por eso, hágame el favor de dar la mayor parte de mi herencia a la Orden de San Francisco y a la de Mercedes. Además, en vez de irme a España, me quedaré aquí. Voy a ayudar a las monjas en el asilo para huérfanos.

—Muy bien, obedeceré tus deseos —contestó el notario con una sonrisa alegre. —Ahora sé que eres digna de tu tío que tanto te quería.

Como recuerdo de esta leyenda, la calle frente a la mansión de don Mendo llevó por muchísimo tiempo el nombre de la calle de la Machincuepa.

EJERCICIOS

A. Termine usted las frases con las palabras apropiadas.
1. La capital de Nueva España fue:
   (a) Madrid.
   (b) México.
   (c) La Habana.

2. El Zócalo en México es:
   (a) la plaza mayor.
   (b) una tribu de indios.
   (c) una machincuepa.

3. «Don Dinero» es:
   (a) el tío de Paz.
   (b) un comerciante.
   (c) un poderoso caballero.

4. Don Mendo prefirió:
   (a) ayudar a los pobres y a los enfermos.
   (b) asistir a las fiestas.
   (c) asociarse con los ricos.

5. Paz era:
   (a) hermosa y aristocrática.
   (b) fea y gorda.
   (c) rubia.

6. Al saber de la muerte de don Mendo:
   (a) todos lloraron la pérdida.
   (b) Paz abrió el arcón.
   (c) Paz salió para España.

7. Paz hizo las machincuepas:
   (a) con mucho gusto.
   (b) con mucha agilidad.
   (c) con mucha vergüenza.

8. Los mexicanos:
   (a) odiaron a Paz.
   (b) la despreciaron.
   (c) querían ser sus amigos.

9. La lectura del testamento:
   (a) hizo llorar a Paz.
   (b) le dio mucho gusto a Paz.
   (c) nunca tuvo lugar.

10. Paz quiso regalar la mayor parte de la herencia:
    (a) a la vieja Eulalia.
    (b) a las órdenes religiosas.
    (c) al gobierno para construir un pabellón nuevo.

B. Describa lo siguiente con las palabras dadas, formando frases completas.

1. Paz: sobrina / alta / delgada / ojos / cabellos / tez / manos / pies / ingrata / orgullosa.
2. Don Mendo: humilde / generoso / rico / los pobres / los enfermos / fiestas de los ricos.
3. El testamento: todos mis bienes / a condición / pague los tormentos / a las órdenes religiosas.

4. Paz: vestido de baile / coche descubierto / calles principales / el centro / Plaza Mayor.
5. La machincuepa de Paz: manos trémulas / anchas faldas / rodillas / cabeza / piso.

C. Conteste las siguientes preguntas:
1. ¿Cómo se llama la Plaza Mayor de México?
2. ¿De dónde vino don Mendo?
3. ¿A quiénes ayudó don Mendo con su dinero?
4. ¿Por qué vino Paz a México?
5. ¿Cómo se llamaba la nana de Paz?
6. ¿Cómo presentó don Mendo a su sobrina Paz a la alta sociedad?
7. ¿Qué hicieron los de la capital al saber de la muerte de don Mendo?
8. ¿Quién leyó el testamento?
9. ¿Cuándo hizo Paz sus machincuepas?
10. ¿Qué gritó la gente después de las machincuepas de Paz?

D. En esta leyenda, ¿a qué nombres se refieren estos adjetivos?
1. pintorescos
2. románticas
3. compasivo
4. elegante
5. poderoso
6. delgada
7. expresiva
8. falsas
9. orgullosa
10. espléndida

El matador de tiburones

En el siglo diecisiete Puerto Rico estaba bajo el dominio de España, que le proporcionaba un gobernador y otros funcionarios importantes.

Los barcos de España no llegaban con mucha frecuencia, y cuando por fin venían, se celebró el día con grandes fiestas.

Esta leyenda se trata del valor de un joven de Puerto Rico que en una de esas ocasiones luchó contra un tiburón aun cuando estaba sin la protección de la medalla que siempre le había dado buena suerte.

E ra la hora de la siesta y el puerto de la Aguada[1] parecía un lugar abandonado. Los rayos del sol, un sol radiante y dorado, calentaban la playa. Una leve brisa hacía que las palmeras se movieran rítmicamente como si bailaran al compás de la música que producían las olas al romperse contra las rocas.

De súbito, se oyó un grito alegre:

—¡Miren! ¡Los barcos! ¡Allá vienen los barcos!

Otras voces hicieron eco de la noticia y en un abrir y cerrar de ojos había gran expectación y actividad en el puerto. Todos, viejos y jóvenes, corrían emocionados a la playa para dar la bienvenida a los visitantes.

Al poco tiempo, dos valientes galeones en cuyos mástiles ondeaba la bandera de España estaban anclados en la hermosa bahía de la Aguada donde había desembarcado Cristóbal Colón en su segunda visita al Nuevo Mundo en 1493. Aquí se detendrían dos o tres días a fin de obtener provisiones y agua fresca para seguir su viaje a Veracruz. Y aquí los pasajeros y marineros gozarían de fiestas celebradas en su honor.

Esa misma noche hubo un gran banquete festejando al gobernador que por ese tiempo visitaba el puerto, y a los dos pasajeros más distinguidos: el Virrey de la Nueva España[2] y el Obispo de Puebla.[3]

Durante la comida, el virrey dijo: —Señores, lo que más me ha llamado la atención en este largo viaje de España ha sido un pez horrible. Lo hemos visto en las aguas cerca de su hermosa isla. Es el tiburón. Mide cinco metros o más de largo. En la tremenda boca tiene varias hileras de dientes. ¡Qué monstruo tan peligroso!

—Pues, señor virrey, aquí en la Aguada hay un indio llamado Rufino que siempre lucha contra los tiburones con éxito —contestó el teniente de Guerra.

---

[1]Pueblo al noroeste de Puerto Rico.
[2]México.
[3]Ciudad en México.

—¿Qué dice usted, amigo mío? —exclamó el virrey muy sorprendido.

—Sí, este valiente indio, el mejor pescador de nuestro puerto, lucha cuerpo a cuerpo y siempre con feliz éxito.

—Pues, hágame el favor de traerlo aquí. Deseo pedirle que luche mañana con un tiburón.

Obedeció el teniente y pronto llegó Rufino.

Era un joven amable e inteligente de unos veinte años, bajo de estatura, ancho de espaldas, y de brazos y piernas fuertes. Aunque se llamaba «indio», a simple vista se descubría en él el cruce de las tres razas de la isla: la india, la blanca y la africana.

—¿Quería usted hablar conmigo, señor teniente? —preguntó Rufino con cortesía y dignidad.

—Sí, Rufino. Nuestros nobles huéspedes desean verte luchar con un tiburón. ¿Quieres hacerlo?

—No, señor.

—¿Por qué no?

—Porque no tengo la medalla de la Virgen del Carmen que me dio mi novia María.

—¿Dónde está la medalla?

—La he perdido.

—Te daré ocho pesos si luchas mañana con un tiburón en presencia del virrey y del obispo que salen para la Nueva España dentro de poco.

—No puedo. Tendré mala suerte sin mi medalla.

Cuando presentaron a Rufino al virrey, éste lo trató con sumo afecto y le dijo: —Me alegro de hablar contigo, joven valiente. Si luchas mañana con un tiburón, te regalaré una onza de oro español.

Rufino quedó pensativo. Aunque necesitaba el dinero para salir de pobreza, temía luchar sin la preciosa medalla que siempre llevaba cuando salía al mar.

—Habla, Rufino —dijo el teniente.

—Muy bien, lucharé mañana —contestó, pero sin entusiasmo. Y salió abatido para su casita.

Esa noche, agitado y nervioso, Rufino descansó poco.

Muy temprano a la mañana siguiente, tomó su daga de combate afilada y se encaminó a la playa donde ya se habían reunido visitantes y lugareños.

—¡Viva Rufino! ¡Viva nuestro amigo valiente! —gritó la gente.

Aunque preocupado, Rufino sonrió y agitó la mano. Dirigiéndose a la orilla, miró al horizonte con la mano puesta de visera sobre la frente. El mar estaba como una lámina de acero, terso y límpido. Los galeones lucían las hermosas banderas de España y sus vistosas banderolas, mientras a la distancia se podían ver los barcos pescadores que regresaban al puerto con su pesca.

A los pocos minutos Rufino divisó la aleta negra de un tiburón entre las olas. Al joven le brillaban los ojos de coraje con deseos de combatir a la fiera y corrió a carrera tendida hacia la punta del muelle. Se quitó la camisa arrojándola en la arena y, daga en mano, se lanzó impetuosamente al mar mientras la gente aplaudió muy entusiasmada.

De repente, desapareció la aleta y Rufino se sumergió. El agua se movía convulsivamente. Debajo de la superficie tenía lugar una lucha terrible.

Poco después, apareció sobre las olas Rufino y se vio que nadaba apresuradamente hacia tierra. Al llegar a la playa, cayó pálido y fatigado con una pierna herida y su boca cubierta de sangre. ¡Pobre Rufino! El dolor era muy agudo.

—Sin mi medalla, todo me ha salido mal —se lamentó el joven ante la gente que acudió alrededor de él. —Cuando me hirió el tiburón, no tenía bastantes fuerzas para matarlo.

—¡Pues, mira, Rufino! ¡Allá está! ¡Lo mataste! —gritó con alegría el gentío.

Al sentarse, en medio de su dolor, Rufino comprendió que sí, había triunfado. Sobre la superficie de las aguas flotaba el horrible animal con su espantosa boca abierta, privado de la vida.

El virrey se acercó a Rufino y poniendo la mano sobre la cabeza del matador triunfante le dijo:

—Aquí tienes la onza de oro español que te prometí.

Aunque eres valiente, Rufino, espero que nunca vuelvas a repetir esa lucha terrible.

El teniente añadió otros pesos, y al poco rato la gorra del joven estaba llena de dinero. Hasta los marineros de los galeones que habían presenciado el combate heroico le enviaban como regalo toda clase de monedas.

Aquella noche Rufino hablaba con su novia, María, mientras contaban felizmente el dinero que él había recibido por su trabajo de gran valor.

—¿Te das cuenta, mi bien, que ahora somos ricos? Ahora nos podemos casar cuando queramos.

—Sí, Rufino. ¡Soy la muchacha más feliz de todo Puerto Rico! Y lo mejor de todo es que ya no tienes que arriesgar más tu vida tratando de matar a los tiburones, sólo para recibir unos pesos. Y, ¿te das cuenta también, Rufinito, que lo hiciste solo, sin el poder de la medalla? ¡Eres una maravilla, y te quiero mucho!

—Y yo a ti, María. Mas, ¿qué es esto? ¡María, mira!

—¿Qué, Rufino? ¿Qué es?

—¡Es la medalla que tú me diste! ¡Alguien la puso en la gorra con el dinero que me dieron!

Así es que Rufino y María tenían todo lo que querían en la vida. Al día siguiente, los visitantes del pueblo, acompañados de sus amigos puertorriqueños, asistieron a misa antes de embarcar para Nueva España. Al terminar la ceremonia sagrada con rezos por la seguridad de los viajeros, el padre les anunció a la congregación que todos iban a tener el gusto de presenciar la boda de una pareja muy estimada: María y Rufino, el matador de tiburones.

Y todos celebraron la grata sorpresa.

Se casaron ese día
Rufino y María
«y fueron felices
comiendo perdices».[4]

---

[4]Es una forma tradicional de terminar los cuentos.

EJERCICIOS

A. Termine usted las frases con las palabras apropiadas.

1. Todos corrieron a la playa para:
   (a) pescar.
   (b) dar la bienvenida a los visitantes.
   (c) gozar del agua.

2. Dos galeones españoles:
   (a) estaban anclados en la bahía.
   (b) no podían llegar.
   (c) alzaron la bandera de piratas.

3. El virrey había visto en las aguas:
   (a) una sirena.
   (b) varios indios nadando.
   (c) un pez horrible.

4. Lo interesante de Rufino era que:
   (a) luchaba cuerpo a cuerpo con tiburones.
   (b) era altísimo.
   (c) no sabía nadar.

5. El virrey le ofreció a Rufino:
   (a) un título de nobleza.
   (b) un viaje a España.
   (c) oro español.

6. Rufino temía pelear sin:
   (a) pistola.
   (b) su preciosa medalla.
   (c) compañeros.

7. Rufino, al llegar a la playa:
   (a) se fue para su casa.
   (b) saludó a toda la gente.
   (c) se cayó pálido y fatigado.

8. Sobre la superficie del agua:
   (a) flotaba el horrible animal.
   (b) se veía el reflejo del sol.
   (c) nadaba la gente.

9. La gente ponía el dinero para Rufino:
   (a) en su gorra.
   (b) en el banco.
   (c) en la boca del tiburón.

10. —Eres una maravilla:
    (a) pero no te quiero.
    (b) debes estar en el circo.
    (c) y te quiero mucho.

B. Describa lo siguiente con las palabras dadas, formando frases completas.
 1. El virrey anunció durante la comida: llamado / atención / viaje / pez / horrible / tiburón.
 2. Rufino era: joven / inteligente / bajo / ancho / fuerte.
 3. El virrey dice a Rufino: peleas / tiburón / regalaré / onzas / español.
 4. El mar: lámina / límpido / galeones / distancia / barcos / puerto.
 5. La lucha: desapareció / aleta / se sumergió / agua / se movía / debajo / terrible.

C. Conteste las siguientes preguntas:
 1. ¿Dónde tuvo lugar esta leyenda?
 2. ¿Dónde ondeaban las banderas españolas?
 3. ¿Cuántos días se detendrían los galeones?
 4. ¿Qué celebraron esa noche?
 5. ¿Por qué era famoso Rufino?
 6. ¿Quién era el mejor pescador?
 7. ¿Con quién quería casarse Rufino?
 8. ¿Por qué no quería Rufino luchar con el tiburón?
 9. ¿Dónde encontró su medalla después?
 10. ¿Qué flotaba sobre la superficie del agua?

D. Diga usted en español el significado de estas palabras o modismos:
 1. en un abrir y cerrar de ojos
 2. festejar
 3. dicho y hecho
 4. pésame
 5. ligero como un rayo
 6. de súbito
 7. tomar a pecho
 8. tengo tantas ganas
 9. llover a cántaros
 10. quiere decir

La sortija de diamantes

En el siglo dieciséis, el Caribe estaba amenazado muy a menudo por piratas crueles que robaban todo lo que podían de los numerosos barcos que por allí pasaban. Uno de los piratas más temidos era Drake que, con sus compañeros, trató de destruir la capital de la hermosa isla de Puerto Rico, esperando así poder robar las riquezas de unos barcos españoles.

Esta leyenda lleva su parte histórica: se trata de un soldado pobre que estaba enamorado de una hermosa joven, y de su parte en la derrota de los piratas.

El joven soldado, silbando desafinadamente una canción de amor, llamó a la puerta de una bonita casa cerca de la fortaleza de San Juan.[1]

—Buenas tardes, Gloria, —dijo el mozo a la criada que abrió la puerta. —¿Están en casa la tía Brianda y Mónica?

—Sí, don Juan. Pase usted. Están ocupados haciendo encaje para los manteles de la Catedral.

—Gracias, niña, —contestó el visitante que entró en la sala con paso marcial. Una vez terminados los saludos cordiales, se sentó al lado de su novia Mónica.

Después de admirar el hermoso encaje y charlar un poco, Juan miró con cariño a su novia y le preguntó:

—Si no estás demasiado ocupada, Mónica, ¿puedes deleitarnos un rato con tu guitarra y tus canciones?

—¿Y qué quieres que toque, Juanillo?

—Pues la «Entrada triunfal de don Gonzalo de Córdoba en Nápoles».[2] Me gusta oír cómo imitas los clarines y los tambores.

—Pero, hombre, ¡siempre pides lo mismo!

—Eso es sólo el principio. Después cantaremos los versos, tú y yo, juntos.

—¡Quítate de ahí! Tú serás buen artillero pero de cantante no tienes ni un pelo.

—En cambio, tu voz es divina y me encanta tanto como el incienso de la Catedral. Y la guitarra en tus manos me llega al alma.

—¡Lisonjero! ¡Déjate de piropos!

—Te lo juro por la Virgen. Y también te digo que anoche soñé que te había regalado una sortija de diamantes, hermosísima, como anillo de boda. Y te advierto que en mi sueño nos casamos en la Catedral y que después de la ceremonia servimos refrescos a nuestros amigos en el patio, a la sombra de los árboles.

---

[1]Capital de Puerto Rico.
[2]General español del siglo XV.

—Dios te oiga, Juanillo. ¡Una sortija de diamantes! Hace sólo una semana me dijiste que tú, el mejor artillero, eras el más pobre de la fortaleza.

—Lo soy, mi vida, pero a nadie le falta la ayuda de Dios. Por algún milagro nos casaremos y te daré una sortija porque te quiero con todo el corazón.

Mónica era una muchacha muy linda, siempre contenta, vivaracha y un poco traviesa. Tenía una sonrisa encantadora y su voz era tan melodiosa como la música de su guitarra o el repique de cascabeles. Siendo huérfana desde su niñez, había vivido con su tía buena y prudente a quien amaba como si fuera su madre. Aunque se divertía coqueteando con Juan, Mónica lo quería con todo el fervor de su alma.

Y Juanillo (o Juan Alonso Tejadillo) merecía el amor de su novia. Era un guapo andaluz[3] de unos veintitrés años, trabajador, honrado y amante de aventuras. Decidió venir a las Américas voluntariamente. Por eso se alistó en Cádiz en el ejército de su rey Felipe II,[4] y un año más tarde él y sus compañeros desembarcaron en las hermosas playas de Puerto Rico o Borinquen, como lo llamaron los indios. En España y en su tierra nueva, Juan tomó tan a pecho las enseñanzas de sus oficiales que llegó a manejar el cañón con maestría. En verdad, era sin igual en la isla.

Una noche, pocos meses después de la visita de Juan con su novia, el gobernador, avisado de que se acercaba al puerto de San Juan un enemigo formidable con una flota de veintiséis barcos, puso inmediatamente a la ciudad entera en estado de defensa. Se tocó la generala, el toque de tambores y cornetas que ordena a las fuerzas de guarnición que se pongan sobre las armas. Se cortó el puente de San Antonio. Se publicó un bando para que las mujeres, los niños y los viejos abandonaran la ciudad, quedando sólo los hombres útiles para la defensa.

---

[3]De la región de Andalucía en el sur de España.
[4]Uno de los reyes más famosos de España (1527–1598).

—¿Qué habrá pasado? ¿Es posible que haya llegado a nuestro puerto el pirata Drake que ha sembrado terror por todas partes? —preguntó la tía Brianda, mientras ella, Mónica y la criada se apresuraban en la oscuridad hacia la casa de un pariente que vivía en el próximo pueblo.

—Creo que no, tía —respondió Mónica. —Juanillo me ha dicho que este cruel pirata, después de conquistar y saquear a fondo a Santo Domingo y luego a Cartagena de Colombia, se ha hecho a la vela rumbo a Londres con su botín valuado en más de tres millones de ducados.[5]

Juanillo no andaba equivocado. Drake, el más poderoso de los piratas de esta época, navegaba rumbo a Inglaterra —hasta que tuvo informes de que la Capitana[6] de la escuadra española, anclada en el puerto de San Juan, llevaba un cargamento de dos millones de ducados en oro y plata.

Oír estas palabras y hacerse a la vela hacia San Juan fue todo uno, a pesar de las objeciones de sus capitanes, uno de los cuales era John Hawkins, maestro y pariente de Drake.

El gran corsario se enojó y gritó: —Vamos a Puerto Rico y robemos a esos borinqueños estúpidos en un santiamén.

Al llegar a San Juan, Drake se aprovechó de la intensa oscuridad de la noche y atacó al puerto con veinticinco lanchas, bien tripuladas. A pesar de las balas de cañón que tiraban desde tierra, los piratas pegaron fuego a la «Magdalena», una fragata de guerra de S. M.[7] que acababa de entrar en el puerto.

En seguida, la bahía quedó iluminada por la fragata en llamas, y fue a causa de esta luz que la artillería pudo ver y destruir la mayor parte de las lanchas inglesas.

¿Y qué hacía Juanillo durante esta pelea? Como primer artillero de la fortaleza, estaba encargado del manejo y cuidado del mejor y más grande cañón, un regalo del Rey de

---

[5]Moneda usada en aquella época.
[6]Buque del almirante de una escuadra.
[7]Su Majestad, el rey de España.

España. Con la luz del incendio, el joven pudo ver la Capitana inglesa cerca de la entrada del puerto y notó claramente la luz de una ventanilla de popa. Hacia aquella lucecilla apuntó el artillero su cañón cuidadosamente. Luego se santiguó e invocó a Santiago apóstol,[8] y sin vacilación alguna disparó el arma.

La inesperada bala penetró en el comedor del barco y mató a John Hawkins y a otros ingleses que estaban tomando refrescos y riéndose de la estupidez de los defensores puertorriqueños.

Drake, entristecido por la muerte de Hawkins y sorprendido por la obstinada resistencia de la gente de Puerto Rico, levó anclas al día siguiente e hizo proa hacia Inglaterra.

El gobernador don Pedro Suárez, entusiasmado con la derrota del enemigo, regaló al artillero Juan Alonso Tejadillo «una sortija de diamantes y una bolsa de monedas por lo bien que había servido a S. M. en aquella jornada y por haber matado a Juan de Aquines».[9] Así dice la crónica.

Un año más tarde, cuando Juan había cumplido su servicio en el ejército, él y Mónica se casaron en la Catedral, y como anillo de boda ella recibió la preciosa sortija de diamantes. Después de la ceremonia, los novios sirvieron refrescos a sus amigos, que incluyeron al gobernador, a otros funcionarios españoles y a casi todos los habitantes de la capital, en el patio de la Catedral.

Y así se realizó el sueño de Juanillo, el mejor artillero de la hermosa isla de Puerto Rico.

[8]Santo patrón de España.
[9]John Hawkins.

EJERCICIOS

A. Termine usted las frases con las palabras apropiadas.

1. En el siglo dieciséis el Caribe estaba amenazado por:
   (a) feroces huracanes.
   (b) piratas crueles.
   (c) mujeres hermosas.

2. La tía Brianda y Mónica se ocupaban:
   (a) cocinando.
   (b) leyendo.
   (c) haciendo encaje.

3. Mónica también sabía tocar:
   (a) la guitarra.
   (b) la puerta.
   (c) la flauta.

4. Don Juan era buen artillero, pero él no sabía:
   (a) hablar español.
   (b) tocar puertas.
   (c) cantar.

5. Don Juan soñó:
   (a) que se había casado.
   (b) con los ángeles.
   (c) con una víbora.

6. Avisado de la llegada de una flota enemiga:
   (a) el gobernador salió corriendo.
   (b) el gobernador le avisó a Juan.
   (c) el gobernador puso la ciudad en estado de defensa.

7. Se creía que Drake:
   (a) se dirigía a Londres.
   (b) seguía saqueando ciudades.
   (c) había muerto.

8. Juan de Aquines era:
   (a) el gobernador.
   (b) maestro y pariente de Drake.
   (c) jefe de los borinqueños.

9. La «Magdalena» era:
   (a) una mujer bonita.
   (b) un hotel.
   (c) una fragata de guerra.

10. El gobernador le regaló a Juan:
    (a) una sortija de diamantes y una bolsa de monedas.
    (b) un cañón nuevo.
    (c) una guitarra para Mónica.

B. Describa lo siguiente con las palabras dadas, formando frases completas.
1. Mónica: linda / contenta / vivaracha / traviesa / sonrisa / voz / huérfana.
2. Juan: guapo / andaluz / trabajador / alistó / llegó / manejar / cañón.
3. El gobernador: estado de defensa / generala / guarnición / se cortó / público.
4. Los piratas: se aprovecharon / oscuridad / atacaron / lanchas / tripuladas / pegaron fuego.
5. El artillero Juan: encargado / cañón / luz / incendio / pudo / entrada / apuntó / disparó.

C. Conteste las siguientes preguntas:
1. ¿Quién llamó a la puerta de la casa de Mónica?
2. ¿Quién sabía imitar los clarines y los tambores?
3. ¿Qué soñó Juan?
4. ¿Cómo se llamaba la tía de Mónica?
5. ¿De qué parte de España vino Juan?
6. ¿Por qué llegó Drake a San Juan?
7. ¿Quién pegó fuego a la «Magdalena»?
8. ¿Adónde fue Drake luego?
9. ¿Dónde se casaron Juan y Mónica?
10. ¿Qué fue el anillo de boda?

D. ¿Qué nombre o adjetivo tiene relación con estos infinitivos?

1. sonreír	6. esperar	11. entrar
2. cantar	7. tardar	12. gozar
3. soñar	8. apostar	13. explorar
4. regalar	9. navegar	14. cruzar
5. gobernar	10. leer	15. oscurecer

La herencia

Los franciscanos[1] vinieron al Nuevo Mundo con los conquistadores y durante más de dos siglos los acompañaron por los conti-
nentes americanos. Después de aprender las lenguas nativas, estos
misioneros nobles y bondadosos dedicaron su vida a convertir a los
indios a la fe cristiana; a defenderlos contra las injusticias de los
españoles; y a enseñarles artes, oficios útiles y nuevos métodos
para el cultivo de sus cosechas. También fundaron misiones, escuelas, universidades, hospitales, asilos para huérfanos y otras
instituciones de beneficencia.

Cerca del Zócalo[2] en la capital, construyeron edificios que se
extendieron por un área de dos cuadras. Aquí se encontraba la
primera escuela del continente. Poco tiempo después de su funda-
ción (1522), cerca de mil alumnos recibieron instrucción religiosa
y civil. En este centro había casas, capillas, una iglesia y un
inmenso convento, escenario de nuestra leyenda que tiene lugar
en los primeros años del siglo XVIII. Hoy día, todos los edificios
han desaparecido menos la Iglesia de San Francisco.

[1]Monjes de la orden de San Francisco.
[2]La plaza central.

261

E ran las doce de la noche y la campanilla del convento de San Francisco en la capital de México tocaba a maitines.[3] Los frailes fueron saliendo de sus celdas y silenciosamente entraron en la capilla iluminada por la temblorosa luz de las velas que estaban encendidas en el altar, luz que proyectaba extrañas sombras en las paredes, creando un mundo fantasmagórico. El padre guardián, fray Lucas, permaneció junto a la puerta hasta que todos estuvieron en sus sitios. Entonces se colocó en el suyo.

El rezo sagrado comenzó con la salmodia eterna.[4] De pronto, se abrió la puerta y entró un hermano desconocido con la capucha puntiaguda calada sobre el rostro. Avanzó hasta el centro de la capilla, se arrodilló y allí quedó rezando hasta que todos los frailes, terminadas sus oraciones, volvieron a sus celdas, menos fray Lucas.

Por fin el desconocido se levantó. Con la cabeza inclinada y las manos cruzadas sobre el pecho y ocultas bajo las anchas mangas, se dirigió lentamente hacia la puerta, donde se encontró con fray Lucas, el padre guardián.

—Bienvenido, hermano. ¿De qué provincia vienes? ¿De Jalisco o de Oaxaca? —preguntó fray Lucas.

El desconocido se detuvo y permaneció silencioso.

Fray Lucas repitió la pregunta y al mismo tiempo levantó la vela que sostenía en la mano hacia la cara del nuevo fraile. Pero sus ojos se quedaron abiertos de estupor mientras sentía flaquear sus piernas—¡la temblorosa llama iluminaba débilmente una calavera amarilla!

Tras unos momentos, que a fray Lucas le parecían eternos, se oyó una voz grave que dijo:

—No tengas miedo, fray Lucas. Has de saber que yo fui en este mundo fray Bernardino de Ypes, también guardián como tú, de este convento.

—Ah, sí, hermano —respondió fray Lucas, algo más

---

[3]Primera oración del día.
[4]Leer los salmos, una sección de la biblia.

tranquilo. —He visto tu nombre varias veces en la crónica del convento.

La calavera continuó:

—Una vez, siendo yo guardián de este convento, llegó aquí un señor que vivía en San Luis Potosí. Se llamaba don Francisco Balandrano. Había venido a la capital para recoger una gran herencia que le había dejado un pariente rico. Pero, a causa de una rebelión india en la proximidad de su casa, temía llevar consigo esta fortuna.

—Es natural —observó fray Lucas.

—Me pidió que, por favor, le guardara en el convento aquel tesoro hasta que hubiera paz en su región. Entonces él volvería, o mandaría a alguna persona de su confianza, para recoger sus bienes.

—¿Y qué hiciste, hermano? —preguntó fray Lucas, que ya se había olvidado de que hablaba con un aparecido.

—Yo le di permiso para dejar aquí su herencia, y aquella misma tarde, antes de salir para su casa, la trajo. Había gran cantidad de talegas llenas de oro y plata. Nadie en el convento, excepto el padre prior, supo esto.

—¿Qué hicieron con el tesoro, fray Bernardino?

—Pues —continuó el aparecido, —llevamos las talegas a nuestra pequeña biblioteca. Allí, debajo del gran cuadro de la Virgen, levantamos las losas del suelo, cavamos un agujero y enterramos el tesoro. Pasó el tiempo y al morir el padre y yo, el secreto se fue con nosotros a la tumba.

—Entonces —preguntó fray Lucas, —¿la herencia continúa escondida?

—Así es, pero ha llegado el momento de sacarla a la luz del día, y tú, fray Lucas, vas a ser el encargado de hacerlo.

—Sí, sí, la sacaré, pero, ¿qué voy a hacer con ella? ¡La repartiré entre los pobres? Pues bien sabes nuestro voto de pobreza.

—Ten paciencia y te explicaré lo que debes hacer. En la cárcel de México está Juan Balandrano, hijo honrado y bueno de don Francisco. Es el heredero legítimo de la herencia enterrada aquí. Hazme el favor de entregársela.

Fray Lucas estaba perplejo, dudoso. Tenía ganas de enterarse más de esos sucesos misteriosos, pero notando que el aparecido estaba para salir, respondió:

—Sí, fray Bernardino, mañana llevaré a cabo tus deseos.

Una vez dicho esto, el alto esqueleto cruzó de nuevo sus huesudas manos, inclinó la encapuchada calavera y caminando lentamente, cruzó la puerta de la capilla hasta perderse entre las sombras del claustro.

A la mañana siguiente, fray Lucas se apresuró a contar al padre prior todo lo que había sucedido en la capilla.

—De veras, parece un milagro, pero vamos a la biblioteca para sacar el tesoro.

Dicho y hecho. En el lugar indicado por el aparecido encontraron las talegas.

Inmediatamente fray Lucas, llevando una talega llena de oro, se encaminó a la cárcel para llevar a cabo la promesa hecha a fray Bernardino. Pero, ¿cómo sabía éste que don Juan estaba en la cárcel o que era el heredero legítimo? ¡Era un gran misterio!

Al llegar a su destino, fray Lucas fue llevado a una pequeña sala de espera. A los pocos minutos el sonido de pasos en los silenciosos y oscuros corredores anunció la llegada de un joven acompañado del carcelero. Los dos se sentaron al lado del fraile.

—¿Es usted don Juan Balandrano, hijo de don Francisco?

—Sí, padre, yo soy —respondió el joven, perplejo.

—No tema usted. Soy fray Lucas, guardián del convento franciscano.

—¿Usted fue amigo de mi padre? ¡Que en paz descanse!

—No, no lo conocí, pero tengo para usted una herencia que él dejó en el convento la última vez que estuvo aquí en la capital.

Don Juan no salía de su asombro; las últimas palabras del

fraile trajeron a su memoria lo que tantas veces había oído. Su padre regresaba a casa cuando los indios lo mataron y así él quedó huérfano a la edad de dos años.

Durante los dieciocho años siguientes sus tutores deshonestos habían malgastado su fortuna; y ahora, agobiado por deudas que no podía pagar, sus acreedores lo habían puesto en la cárcel. Todo había salido en contra de él, y ahora no podía creer que aquel fraile viniera en su ayuda.

—¡Oh, padre, explíqueme todo, por favor! —sollozó el joven, lleno de gratitud.

—Es una larga historia que le contaré más tarde —contestó el padre poniendo una mano benévola sobre la cabeza del joven. —Lo importante en este momento es que usted use esta talega de oro para pagar a sus acreedores. Luego, salga de aquí y vaya al convento para recoger el resto del tesoro. Adiós, Juan.

—Hasta la vista, padre. ¡Que Dios lo bendiga!

En cuanto don Juan se vio libre, se apresuró a visitar el convento de los franciscanos. Cuando supo todo lo sucedido, dio gracias a Dios y a los frailes que habían cumplido el deseo de fray Bernardino. Después de rezar en la capilla, abandonó el convento y se dirigió a San Luis Potosí. Y en los meses que siguieron, repartió entre los pobres de su región una buena parte de aquella herencia que tan maravillosamente había llegado a sus manos.

Desde entonces, el joven visitó el convento cada año en el aniversario de la milagrosa aparición de fray Bernardino, el buen franciscano que regresó a este mundo para cumplir con su obligación de dar la herencia a la familia Balandrano.

EJERCICIOS

A. Termine usted las frases con las palabras apropiadas.

1. Fray Lucas:
   (a) se quedó en su celda.
   (b) se colocó en su sitio.
   (c) se sentó en el suelo.

2. El hermano desconocido:
   (a) entró y se arrodilló.
   (b) se quedó afuera.
   (c) entró y comenzó a predicar.

3. La cara del nuevo fraile era:
   (a) seria y guapa.
   (b) gorda y rojiza.
   (c) una calavera amarilla.

4. Don Francisco no pudo traer la herencia de la capital a causa de:
   (a) una rebelión india.
   (b) la revolución.
   (c) una gran tempestad.

5. El tesoro estaba escondido:
   (a) debajo de las losas.
   (b) en el jardín.
   (c) en la tumba.

6. El hijo de don Francisco:
   (a) no era huérfano.
   (b) estaba en la cárcel.
   (c) vivía en un convento.

7. Fray Lucas llevó a don Juan:
   (a) una caja de monedas de plata.
   (b) una llave.
   (c) una talega llena de oro.

8. Los tutores deshonestos habían:
   (a) salido para España.
   (b) malgastado su fortuna.
   (c) guardado todo el dinero.

9. Cuando don Juan se vio libre:
   (a) visitó el convento.
   (b) comenzó a gritar.
   (c) desapareció.

10. Don Juan repartió una gran parte de su herencia:
    (a) entre los presos.
    (b) entre los frailes.
    (c) entre los pobres.

B. Describa lo siguiente con las palabras dadas, formando frases completas.

1. Un hermano desconocido: capucha / calada / rostro / avanzó / centro / capilla / se arrodilló / rezando.
2. Fray Lucas al ver al nuevo hermano: ojos / abiertos / estupor / sentía / flaquear / piernas / llama / iluminaba / calavera.
3. El tesoro: debajo / cuadro / Virgen / losas / cavamos / enterramos.
4. Juan Balandrano: cárcel / heredero / legítimo / herencia / entregársela.
5. Al verse libre Juan: se apresuró / visitar / franciscanos / dio gracias / frailes / cumplido / deseo.

C. Conteste las siguientes preguntas:

1. ¿A qué hora tocaban los maitines?
2. ¿Cómo se llamaba el padre guardián?
3. Al entrar, ¿qué hizo el hermano desconocido?
4. ¿Cómo era la cara del desconocido?
5. ¿Por qué escondieron el tesoro?
6. ¿Dónde encontraron el tesoro?
7. ¿Quiénes hicieron un voto de pobreza?
8. ¿Cómo murió el padre de don Juan?
9. ¿Con qué pagó don Juan a sus acreedores?
10. ¿A quién dio don Juan una buena parte de la herencia?

D. Escoja las siete palabras necesarias para hacer un buen resumen de la leyenda.

1. noche	5. indios	9. deuda
2. vela	6. convento	10. padre guardián
3. aparecido	7. cárcel	11. pobreza
4. herencia	8. rezos	12. heredero

E. Nombre las partes del cuerpo humano que comienzan con estas letras.

1. b	5. f	9. n
2. c	6. g	10. o
3. d	7. l	11. p
4. e	8. m	12. r

El origen del nopal

El nopal[1] es una de las plantas más conocidas de América, pero se dice que México es sin duda el país donde más abunda. Esta bella planta con sus ovaladas hojas verdes y flores rojas figuró en el escudo azteca y luego en el escudo de la República de México.

Por el año 1519, cuando llegaron los españoles al valle de México, los aztecas ya se habían convertido en una nación poderosa. A pesar de algunas crueldades de su religión, los aztecas no eran salvajes. Su ciudad de Tenochtitlán, una de las más bellas del mundo, tenía templos, escuelas, hospitales, palacios, parques y jardines zoológicos. Había reglas estrictas para la juventud. Algunas reglas eran: obedecer y honrar a sus padres, respetar y obedecer a los dioses, ser honrado, decir la verdad y no comer rápidamente en la mesa.

[1]Una clase de cacto.

269

Vivía una vez en el norte de México una tribu de indios, los aztecas. Cerca del año 800 d.C. sus dioses les hablaron diciendo:

—Vayan al sur donde encontrarán una nueva tierra más grande y bonita que la que aquí habitan. Y un día verán allí un águila hermosa posada en una planta desconocida. El ave tendrá una serpiente en el pico. En aquel sitio edifiquen una gran ciudad.

Obedeciendo los mandatos de sus dioses, los aztecas salieron de sus tierras y se dirigieron hacia el sur.

Largo y difícil fue el viaje que duró muchos siglos. Finalmente en el año 1300, los primeros aztecas llegaron al gran valle de México, rodeado de altas montañas. En el centro se encontraba el lago Texcoco con sus islas grandes y pequeñas.

—Ésta es nuestra tierra —anunció el supremo sacerdote. —Aquí viviremos hasta que nuestros dioses nos indiquen por medio de una señal dónde hemos de edificar nuestra gran ciudad.

Toda la tierra alrededor del lago fue ocupada por muchas otras tribus, pacíficas y trabajadoras. Por esa razón los recién llegados tuvieron que establecerse en una de las islas grandes del lago.

Con los aztecas había venido su dios de la guerra, Huitzilopochtli. Lo veneraban más que a los otros dioses, aunque era un tirano sin compasión. Todos los días exigía para sí ofrendas de corazones humanos. Por eso, los aztecas hacían guerra sin cesar con el único objeto de hacer prisioneros destinados al sacrificio. Así fue que apenas habían llegado los viajeros a su nueva tierra, cuando el cruel dios empezó a gritar:

—¡Luchemos contra nuestros vecinos! ¡No puedo vivir sin sangre y sin muerte!

Los aztecas, siempre fieles a sus dioses, se apresuraron a obedecer los mandatos terribles de su dios favorito. Día tras día, había batallas entre ellos y sus vecinos que antes habían vivido en paz y contentos.

Lejos, al norte, vivía la buena hermana del dios con su esposo y su hijito Copil. Pertenecían a una tribu pacífica. Esa buena gente sentía horror al saber del sufrimiento causado por el dios.

—Cuando yo sea mayor, voy a hacer prisionero a mi tío para que no pueda causar tanta aflicción —decía el niño Copil.

—No puedes hacerlo, hijito. Tu tío es cruel y poderoso —explicaba el padre.

Sin embargo, en el pecho del niño, día tras día, iba creciendo el deseo de encontrarse con el dios.

Pasaron años y más años. Al fin llegó el día en que Copil ya se había convertido en un joven valiente y hermoso, de cuerpo atlético, hábil en la caza y en la pesca. Como su padre, el cacique, Copil era bueno e inteligente.

Creyendo que había llegado la hora de encontrarse con su tío, Copil se puso en marcha hacia el valle de México con mil hombres de su tribu. Cada uno llevaba su escudo y su macana. Cada uno quería ayudar a Copil a cumplir sus propósitos.

Pasando por ríos, vegas y cerros, los caminantes llegaron, por fin, al gran bosque que rodeaba el lago Texcoco. En la distancia vieron la isla donde vivían los aztecas con su dios.

—Esta noche descansaremos aquí en el bosque para que el dios no sepa de nuestra llegada —anunció Copil a sus compañeros. —Entonces mañana, antes de la salida del sol, llevaremos a cabo nuestros planes.

¡Pobre Copil! No sabía que por medio de espías su tío había recibido noticias de su llegada y sus intenciones. Así, lleno de ira, el dios llamó a sus tres sacerdotes y les dio este mandato terrible:

—Sáquenle el corazón a Copil a tráiganmelo como ofrenda.

Los sacerdotes esperaron hasta la medianoche cuando las sombras nocturnas se apretaron sobre la tierra. Entonces salieron de la isla en su canoa y silenciosamente cruzaron las aguas del lago oscuro. Al saltar a tierra, se dirigieron al lugar donde esperaban encontrar a Copil. Pronto, lo vieron durmiendo con sus compañeros, todos fatigados por las largas marchas.

Avanzando sin ruido, los sacerdotes se acercaron a Copil.

—¡Qué valiente y noble es el sobrino de nuestro dios! ¡Ojalá que pudiera ser uno de nuestros guerreros! —dijo en voz baja el sacerdote más joven.

Sin prestar atención a estas palabras, el supremo sacerdote sacó del cinto un cuchillo afilado de piedra que él había usado para matar a centenares de víctimas. Con un solo golpe partió el pecho de Copil, introdujo la mano y arrancó el corazón palpitante. Luego en silencio los tres volvieron a la isla con la ofrenda sangrienta.

—¿Qué desea usted hacer con el corazón de su sobrino? —preguntó el supremo sacerdote.

—Miren aquella isla cubierta de rocas grandes —contestó el dios, señalando hacia el centro del lago. —Entierren el corazón de Copil allí entre las rocas y la mala hierba.

Obedecieron los sacerdotes con la ayuda de sus criados.

A la mañana siguiente, al mirar hacia la isla, el dios dio un grito de sorpresa. Llamando a los tres sacerdotes a su lado, preguntó:

—¿Qué es aquella planta verde con flores rojas que está creciendo en el sitio donde fue enterrado el corazón de Copil? ¿Quién puede explicármelo?

Por mucho tiempo hubo silencio. Entonces habló el más viejo, el supremo sacerdote.

—Aquella planta, llamada nopal, ha crecido del corazón de su sobrino. Como él, tiene fuerza y hermosura. Durante todos los siglos servirá de recuerdo de ese joven noble y valiente.

De súbito, el valle se puso tan oscuro como una noche sin luna ni estrellas, y un viento terrible pasó por la tierra. De las nubes se oyó la voz de Huitzilopochtli, una voz tan fuerte como el trueno:

—La profecía de los dioses está cumplida. Por eso, he vuelto a mi habitación en el cielo. De aquí guiaré el destino de mi pueblo. Recuerden que con sacrificios humanos en los altares, ustedes pueden dominar el valle y las regiones lejanas.

Terminadas estas palabras, brilló el sol y cesó el viento. En el lugar donde había estado el dios, los sacerdotes vieron algo extraño. Era una imagen pequeña de Huitzilopochtli.

Algunos días después, los aztecas recibieron la señal tan esperada. En una rama de la planta nueva, el nopal, vieron posada un águila con una serpiente en el pico. Ahora sabían que en este lugar habían de edificar su gran ciudad. Y lo hicieron, llamándola Tenochtitlán en honor de Tenoch, el supremo sacerdote. Ahora la ciudad se llama México.

EJERCICIOS

A. Termine usted las frases con las palabras apropiadas.
 1. El águila de la leyenda estaba comiendo:
    (a) una hoja de nopal.
    (b) una flor.
    (c) una serpiente.

 2. Tenochtitlán era el nombre:
    (a) del dios de la guerra.
    (b) de la ciudad de México.
    (c) del emperador azteca.

 3. Los aztecas se establecieron en:
    (a) una isla del lago Texcoco.
    (b) las orillas del gran lago.
    (c) los volcanes.

 4. Los aztecas sacrificaban a sus prisioneros para ofrecer a su dios:
    (a) el corazón palpitante.
    (b) la sangre.
    (c) la cabeza.

5. Los aztecas abrieron el pecho de sus víctimas con un cuchillo de:
   (a) madera.
   (b) hierro.
   (c) piedra.

6. Copil es el héroe porque era:
   (a) bueno e inteligente.
   (b) malo y vengativo.
   (c) cruel y poderoso.

7. Los sacerdotes cruzaron el lago:
   (a) nadando.
   (b) en sus canoas.
   (c) por tierra.

8. Enterraron el corazón de Copil:
   (a) en el lago.
   (b) debajo de un árbol.
   (c) entre rocas y mala hierba.

9. La planta que creció tenía flores:
   (a) amarillas.
   (b) rojas.
   (c) azules.

10. Los aztecas construyeron su ciudad en el lago porque:
    (a) vieron a un águila posada sobre un nopal con una serpiente en el pico.
    (b) era un buen lugar y ofrecía mucha protección de sus enemigos.
    (c) allí podían conseguir abundante pesca.

B. Describa lo siguiente con las palabras dadas, formando frases completas.
   1. Copil: tribu pacífica / sobrino de Huitzilopochtli / joven / valiente / hermoso / cuerpo atlético / hábil / noble.
   2. Huitzilopochtli: dios de la guerra / exigía ofrendas / corazones humanos / luchemos / vecinos.
   3. Los aztecas: fieles / obedecer los mandatos / batallas / recibieron señal / establecieron ciudad.
   4. El supremo sacerdote: sacó cuchillo / partió pecho / sacó corazón.
   5. Nopal: hojas ovaladas / flores rojas / águila / serpiente / pico.

C. Conteste las siguientes preguntas:
1. ¿Dónde se conoce mejor el nopal?
2. ¿Eran salvajes los aztecas?
3. ¿En qué año llegaron los primeros aztecas al valle de México?
4. ¿Cómo se llamaba el lago del valle de México?
5. ¿Cómo era la tribu de Copil?
6. ¿Cuántos hombres llevaba Copil consigo en el viaje hacia el sur?
7. ¿Dónde descansaron al llegar al lago?
8. ¿Quién mató a Copil?
9. ¿Qué hicieron con el corazón de Copil?
10. Según la leyenda, ¿de qué creció el nopal?

D. Indique el infinitivo que corresponde a cada una de las palabras siguientes:

1. abundancia	8. esperanza	15. sabio
2. señal	9. sorpresa	16. salto
3. poderoso	10. vuelta	17. brillante
4. rodeo	11. edificio	18. servidor
5. mandato	12. caza	19. obediente
6. vista	13. salida	20. sacrificio
7. aflicción	14. compañero	

E. Recordando qué, quién y dónde, lea el nombre en la primera columna y escoja la respuesta de la segunda.

1. Tenochtitlán	isla griega
2. Bolívar	astronauta
3. Zócalo	historiador y autor peruano
4. Tunja	región en el sur de España
5. Carlos I	bahía en Puerto Rico
6. Oaxaca	libertador
7. Ricardo Palma	plaza en México, D. F.
8. Señor Sapo	isla venezolana
9. Margarita	rey de España
10. Aguada	ciudad antigua de Colombia
11. Ahuizolt	estado de México
12. Guaraníes	indios de la América del Sur
13. Creta	rey azteca
14. Andalucía	capital de los aztecas

Vocabulario Español-Inglés

A

a to, at, from, by, on; **a pesar
de** in spite of; **a los pocos . . .** a
few . . . later
abajo down, under; **de arriba
abajo** from top to bottom
abandonar to abandon
abandono (m.) abandonment,
neglect
abierto open, opened
abogado (m.) lawyer
abrazar (c) to embrace
abrigo (m.) shelter
abrir to open; **en un abrir y cerrar
de ojos** in the twinkling of an eye
abrochar to clasp, to fasten
abundancia (f.) abundance
abundar to abound
acabar(se) to finish, end; **acabar
de** to have just
acceder to accede
acerca de concerning, about
acercarse (qu) (a) to approach
acero (m.) steel
acomodar(se) to fit
acompañar to accompany
aconsejar to advise
acordarse (ue) (de) to remember
acostumbrar(se) (a) to become
accustomed to
acreedor (m.) creditor
actitud (f.) attitude, position
acudir to hasten, come or go to
the rescue
acuerdo (m.) agreement; **estar de
acuerdo** to agree; be in
agreement
acumular to accumulate
acusar to accuse
adelantar to advance;
adelantarse to take the lead
adelante forward, ahead; **en
adelante** from now on,
henceforth
además besides
adentro inside, within

adivino (m.) soothsayer
admiración (f.) admiration,
wonder
admirar to admire, astonish
adoración (f.) adoration
adornar to adorn
adquirir (ie) to acquire
adulador (m.) flatterer
advertir (ie,i) to warn
afecto (m.) kindness, affection
afilado sharp
afligir (j) to distress, trouble;
afligirse to grieve
afortunado fortunate, happy
afuera outside
agitar to wave, upset, agitate
agobiar to oppress
agotar to exhaust
agradar to please, like
agradecer (zc) to thank, be
grateful for
agricultor (m.) farmer
aguacero (m.) heavy shower of
rain
Aguada (f.) coastal village in
Puerto Rico where Columbus
landed in 1493
aguada (f.) water on board a ship,
drinkable water
agudo sharp
águila (f.) eagle
agujero (m.) hole
ahogar (gu) to drown
ahora now; **ahora mismo** right
now
ajustar to adjust
ala (f.) wing
alba (f.) dawn
aldea (f.) small village
alegrar(se) to make happy, be
happy
alegría (f.) cheerfulness, happiness
Alejandro Alexander
alejar(se) to move (something)
away, go away
aleta (f.) fin of a fish
alfarero (m.) potter

alfiler (*m.*) pin
algo something
alguno some
alimento (*m.*) food
alistar to enlist
alma (*f.*) soul; **con toda el alma** with all my heart
alrededor around
altivo haughty, overbearing
alto tall, high; **en voz alta** out loud, in a loud voice
altura (*f.*) height
alumbrar to light
alzar (c) to hoist
allí there
amable kind
amanecer (*m.*) dawn, daybreak
amante (*m.*) lover
amar to love
amenazador threatening
amenazar (c)(con) to threaten
amistad (*f.*) friendship; **amistades** friends
amistoso friendly
amor (*m.*) love
amuleto (*m.*) amulet
anciano old, aged
ancianos (*m. pl.*) elders
anclar to anchor
ancho broad, large
andar to walk, to be, to go; **andar en lenguas** to be much talked of
anfitrión (*m.*) host
angustiado anguished
angustiar to cause anguish, afflict
angustioso distressing, alarming
anillo (*m.*) ring
animación (*f.*) animation, liveliness
animar to cheer, encourage, liven up; **animarse** to cheer up
ánimo (*m.*) courage
anochecer (zc) to grow dark (at the approach of night)
anónimo anonymous
ansiedad (*f.*) anxiety
ansioso anxious, eager
ante in the face of, before
antepasado (*m.*) ancestor

antes before; **antes de** before; **antes que** before
antiguo ancient, old
anunciar to announce
anuncio (*m.*) announcement
añadir to add
apadrinar to be a godfather
aparecer (zc) to appear
aparecido (*m.*) ghost
aparición (*f.*) apparition
apariencia (*f.*) appearance
apartar to separate
aparte aside
apenas barely, scarcely
aplaudir to applaud
apoderar(se) (de) to take possession of
apodo (*m.*) nickname
apostar (ue) to bet
apoyar to support
apresurar(se) to hurry (up)
apretar (ie) to press, crowd
apropiado appropriate
aprovechar(se) (de) to take advantage of
aproximar(se) (a) to approach
apuesta (*f.*) bet
apuntar to aim
apurar(se) to hurry, to worry, grieve
apuro (*m.*) trouble
árabe Arabian
arco (*m.*) bow for projecting
arcón (*m.*) large chest
arder to burn
arena (*f.*) sand
aristocrático aristocratic
arma (*f.*) weapon
armadura (*f.*) armor
armar to arm
armonioso harmonious
arrancar (qu) to pull out; **arrancar de raíz** to root out or up
arreglar to arrange
arriba up, over; **de arriba abajo** from top to bottom
arriesgar (gu) to risk
arrodillar(se) to kneel
arrojar to throw
arroz (*m.*) rice

artillería (*f.*) artillery, cannon
artillero (*m.*) artilleryman,
  gunner
asegurar to assure
asesino (*m.*) assassin
así thus, so
asilo (*m.*) shelter; asilo para (de)
  huérfanos orphanage
asistir (a) to attend
asombrar to astonish, amaze
asombro (*m.*) astonishment,
  amazement
aspecto (*m.*) aspect, look
astronauta (*m. & f.*) astronaut
astucia (*f.*) astuteness, cunning
asunto (*m.*) affair, matter
asustar to frighten
atacar (qu) to attack
aterrorizar (c) to terrify
atlético athletic
atrás behind
atreverse (a) to dare to
aumentar to increase
aun even
aún still, yet
aunque although
auxilio (*m.*) aid
avanzar (c) to advance
avaro miserly
avaro (*m.*) miser
ave (*f.*) bird
aventura (*f.*) adventure
aventurero (*m.*) adventurer
avergonzar(se) (ue) (c) to be
  ashamed
avisar to inform, advise
ayudar to help
azteca of the Aztecs
azteca (*m. & f.*) Aztec

B

bahía (*f.*) bay
bailar to dance
bailarín (*m.*) dancer, dancing
baile (*m.*) dance
bajar(se) to go down, lower,
  descend, to get off, get down

bajo low, short, under,
  underneath, below; en voz
  baja in a low (soft) voice
bajo (*m.*) bass; cantar de bajo to
  sing in a bass voice
balística (*f.*) ballistics
bancarrota (*f.*) bankruptcy
banda (*f.*) band
bandada (*f.*) flock, group
banderola (*f.*) streamer, pennant
bandido (*m.*) bandit
bando (*m.*) proclamation, edict
bañar(se) to bathe
barba (*f.*) beard
barco (*m.*) boat
barrer to sweep
barro (*m.*) clay
barrio (*m.*) neighborhood
basar to rest upon, to be based
base (*f.*) base, basis
bastón (*m.*) cane
batalla (*f.*) battle
batería (*f.*) battery
baúl (*m.*) trunk
belicoso warlike
belleza (*f.*) beauty
bello beautiful
bendecir (i, j) to bless; Dios lo (le)
  bendiga God bless you
benévolo kind, gentle
bien (*m.*) goodness, benefit;
  bienes property, riches, assets
bienestar (*m.*) comfort, well-being
bienvenida (*f.*) welcome; dar la
  bienvenida to bid welcome
bienvenido welcome
blando soft
bobo foolish
bobo (*m.*) fool, dunce
boca (*f.*) mouth
bocado (*m.*) morsel
boda (*f.*) wedding
bolsa (*f.*) bag, purse
bomba (*f.*) bomb
bondadoso kind, good
bonito pretty
boquiabierto having the mouth
  open; amazed
bordar to embroider
borde (*m.*) border

bordo (m.) board; a bordo on
board (ship)
Boriquén (m.) name given by
Arauca Indians of pre-Columbian
era to the island of Puerto Rico;
Borinquén (m.) hispanicized
form of Boriquén
borinqueño Puerto Rican
bosque (m.) forest, woods
bote (m.) boat
botica (f.) drugstore
botín (m.) booty
bramar to roar
breve brief
brillante brilliant, bright
brillar to shine
brisa (f.) breeze
broma (f.) joke
burla (f.) fun, trick
burlar(se) (de) to make fun of, to
laugh at
buscar (qu) to look for
búsqueda (f.) search

C

caballero (m.) gentleman
cabello (m.) hair
cabo (m.) corporal, end, extreme;
llevar a cabo to carry out
cacería (f.) hunting, hunt
cacique (m.) chief (Indian)
cadena (f.) chain
caer(se) to fall (down)
cajón (m.) coffin
calandria (f.) lark
calar to place
calavera (f.) skull
calentar (ie) to heat, warm
callejón (m.) narrow street, alley
calvo bald
calza (f.) long, loose breeches,
trousers, stockings
cambiar to change, exchange
caminante (m.) traveler, walker
camino (m.) road; en camino on
the way; ponerse en camino to
start out

camisa (f.) chemise, slip, shirt
campana (f.) bell
campesino (m.) farmer, peasant
canoa (f.) canoe
cansar(se) to tire, get tired
cantante (m. & f.) singer
cántaro (m.) pitcher; llover a
cántaros to rain bucketsful
canto (m.) song
cantor (m.) singer
cañón (m.) cannon
capa (f.) cape, cloak
capaz capable
capilla (f.) chapel
capitana (f.) admiral's ship
caprichoso whimsical, capricious
capucha (f.) cowl or hood of a
friar
cárcel (f.) prison
carcelero (m.) jailer
cargado (de) loaded (with)
cargar (gu) to carry (a load)
cariño (m.) affection
cariñoso affectionate
caritativo charitable
carrera (f.) race; carrera
tendida at full speed
casar(se) to marry, get married
cascabel (m.) small bell, rattle
caso (m.) case; hacer caso to pay
attention
causa (f.) cause
cautivar to captivate
cavar to dig
caza (f.) hunting, hunt
cazar (c) to hunt
celda (f.) cell
célebre celebrated, famous
celeste heavenly
centenar (m.) hundred
céntimo (m.) centime ($\frac{1}{100}$ part of
a peseta)
cercano nearby, neighboring
cerdo (m.) pig
cerro (m.) hill
certero excellent (shot), well-
aimed
certeza (f.) certainty
cesar to cease
charlar to chat

chasco (*m.*) disappointment; **dar un chasco** play a trick
chisme (*m.*) gossip
Cid (el) Title given to the Castilian epic hero, Ruy Díaz de Vivar, who lived in the 11th century
ciego blind
cielo (*m.*) sky, heaven
cinto (*m.*) belt
cinturón (*m.*) belt
clarín (*m.*) trumpet
claro clear
claro (*m.*) opening, space
claustro (*m.*) cloister
clavar to stick, fasten (in)
clave (*f.*) key (to a problem or riddle)
coche (*m.*) coach, carriage
cochero (*m.*) coachman
coger (j) to catch, take
cojera (*f.*) lameness
cojo lame
cola (*f.*) tail
colgar (ue,gu) to hang (up)
colibrí (*m.*) hummingbird
colmar to heap (up), confer (great honors)
colocar (qu) to place, locate
comentar to comment
comodidad (*f.*) comfort
compadecido touched
compañero (*m.*) companion, mate, friend
compás (*m.*) measure, rhythm (in music)
compasión (*f.*) compassion
compasivo compassionate, sympathetic
componer to compose
compra (*f.*) purchase
compuesto composed (of)
común common
concurrencia (*f.*) assembly
condenar to condemn
conducir to conduct, lead
confesión (*f.*) confession
confianza (*f.*) confidence; **con toda confianza** freely
confiar to trust, have confidence

confortar to comfort
confundir to confuse
conmemorar to commemorate
conmover (ue) to disturb, touch
conquista (*f.*) conquest
conquistar to conquer
conseguir(se) (i) to get, succeed
consejo (*m.*) counsel
consentir (ie) (i) to consent
conservar to keep
consolar (ue) to console
construir (y) to construct
consuelo (*m.*) consolation
consulta (*f.*) consultation
contentamiento contentment
continuar to continue
continuo continuous, continual
contorno (*m.*) vicinity
convenio (*m.*) pact
convenir (ie) (i) to agree, to fit, to be suitable
convertir (ie) (i) to convert, change
convincente convincing
copioso copious
coquetear to flirt
coraje (*m.*) courage
corazón (*m.*) heart
cordón (*m.*) cord, string
coro (*m.*) chorus
coronar to complete, finish
corregir (i) (j) to correct, straighten out
corregirse (i) (j) to mend one's ways
corsario (*m.*) pirate
corte (*f.*) court
cortejar to court, make love to
cortés courteous
cortesía (*f.*) courtesy
cosecha (*f.*) crop, harvest
costa (*f.*) coast
costoso costly, expensive
crear to create
crecer (zc) to grow
criado (*m.*) servant
criticar (qu) to criticize
crítico critical, decisive
crónica (*f.*) chronicle, a register of events

cruce (m.) cross, crossing
cruz (f.) cross
cruzar to cross
cuadra (f.) block (of houses)
cualquier, cualquiera any
cuando when; de vez en cuando occasionally
cuanto all, all that, as much as; cuanto antes as soon as possible; en cuanto a as for
cubierto covered
cubrir to cover
cuento (m.) story; cuento de hadas fairy tale
cuerpo (m.) body
cuidado (m.) care; tener cuidado (de) to be careful about
cuidar(se) to take care of
culpabilidad (f.) guilt
culto elegant, correct, well informed
cultura (f.) culture
cumplir (con) to accomplish, to carry out; complete
cuna (f.) cradle
curandero (m.) one who serves as a doctor without being one, medicine man
curar to cure
cuyo whose

D

daga (f.) dagger
danzar (c) to dance
daño (m.) hurt, loss; hacer daño a to hurt
dar to give; dar a to face; darse cuenta (de) to realize; dar la bienvenida to welcome
debajo (de) below, underneath
deber (m.) duty
deber must, ought, should, to owe; deber de must be
debido due
débil weak, feeble
decidir to decide; decidirse (a) to decide (to)
decir(se) (i) to say, tell; es decir that is; querer decir to mean

decorar to adorn, decorate
dedicar (qu) to dedicate
defecto (m.) fault
defensor (m.) defender
deidad (f.) goddess, deity
dejar(se) to leave, allow; dejar de to stop, fail (to)
deleitar to delight
delgado slender, slim
deliberadamente deliberately
delicado delicate
demás other, rest; los demás the others
demasiado too, too much
demora (f.) delay
denunciar to denounce, proclaim
depositar to deposit
derecho right, straight
derrota (f.) defeat, overthrow
desafinar to be out of tune
desagradable disagreeable
desaliento (m.) discouragement
desaparecer (zc) to disappear
desastre (m.) disaster
descansar to rest
descanso (m.) rest
descender (ie) to descend
desconocido unknown, strange
descontento discontented
descortés discourteous
descubierto discovered
descubrimiento (m.) discovery
descubrir to discover
desembarcar (qu) to disembark
desencadenar(se) to break loose, unchain
desesperación (f.) desperation
desesperado desperate
desesperar to despair
desgracia (f.) misfortune
deshonesto dishonest
desierto (m.) desert
desmayarse to faint
despedir(se) (i) (de) to take leave of, say good-bye
desprender to separate
destino (m.) destiny, destination
destruir (y) to destroy
desventurado unfortunate
determinar to determine

detener(se) (ie) to stop, detain
deuda (f.) debt
devoto devout
día (m.) day; al otro día the
  following day; de día by day
diablo (m.) devil
dibujar to draw
dicho (m.) saying
dicho (m.) said, told; dicho y
  hecho no sooner said than done
difunto (m.) dead, dead person
dignidad (f.) dignity
digno worthy
dios (m.) god; Dios God; Dios
  mediante God willing
diosa (f.) goddess
diplomático diplomatic
discurso (m.) speech
discutir to argue
disgustar to displease
disparar to shoot
disponer to prepare, arrange;
  disponerse a to get ready to
dispuesto ready, prepared
distinto different
divertir(se) (ie) to amuse oneself
divino divine
divisar to discern
docena (f.) dozen
dolor (m.) pain
dominio (m.) dominion, control
dondequiera wherever
dorar to guild, as with gold
dote (m. & f.) dowry
ducado (m.) old Spanish coin
duda (f.) doubt
dudar to doubt
dudoso doubtful
dueño (m.) owner
durar to last
duro (m.) Spanish coin

E

e and
echar to throw; echar flores to
  compliment; echarse to lie down
edificar (qu) to construct

edificio (m.) building
efecto (m.) effect
egoísmo selfishness
egoísta selfish
ejecutar to perform, carry out
ejército (m.) army
elegir (i) (j) to choose
elevar to raise, lift
embarcar(se) (qu) to embark
embargo embargo; sin
  embargo however, nevertheless
embozar (c) to muffle the greater
  part of the face
emisario (m.) emissary
emocionado excited, happy
empapar to drench
emperador (m.) emperor
empleo (m.) employment
emprender to begin, start
enamorar(se) (de) to fall in love
  (with)
enamorado in love; estar
  enamorado de to be in love
  (with)
encaje (m.) lace
encaminarse to make one's way, to
  go, to take the road
encantador charming
encantar to charm, delight
encapuchar to cover a thing with a
  hood
encargar (gu) to charge,
  commission; encargarse de to
  take charge of
encerrar (ie) to enclose
encomendar (ie) to entrust
encontrar (ue) to find, meet;
  encontrarse to find oneself, to
  be, to be found; encontrarse
  con to meet, come upon, find out
enfermedad (f.) illness
engañar to deceive
engaño (m.) deceit, fraud, trick
enojado angry
enojar to anger, annoy;
  enojarse to become angry
enojo (m.) anger
enseñanza (f.) instruction,
  teaching
enseñar to show, teach

enterarse (de) to learn, find out
entero entire, whole
enterrar (ie) to bury
entonces then; en aquel
  entonces at that time
entrada (f.) entrance
entregar (gu) to deliver
entretener (ie) to entertain,
  amuse
entristecer (zc) to sadden, grieve
entusiasmado enthusiastic
entusiasmo (m.) enthusiasm
envenenar to poison
enviar to send
envolver (ue) to wrap
envuelto wrapped
equivocar (qu) to mistake; miss;
  equivocarse to make a mistake
érase there was once
erguir (y) (i) to raise up straight
errante wandering
escalera (f.) stairs
escoger (j) to choose
esconder to hide
escondite (m.) hiding place
escopeta (f.) shotgun
escrito written
escuadra (f.) squadron, fleet
escudo (m.) coat of arms, shield
esfuerzo (m.) effort
espada (f.) sword
espalda (f.) back, shoulders
espanto (m.) ghost, fright
espantoso frightful
espectador (m.) spectator
esperado awaited; tan
  esperado long-awaited
esperanza (f.) hope
esperar to hope, wait (for)
espeso thick, dense
espía (m. & f.) spy
espléndido splendid
esposo (m.) husband
espuma (f.) foam
esqueleto (m.) skeleton
estacionamiento (m.) parking
estatua (f.) statue
estera (f.) mat
estimar to esteem
estrella (f.) star

estricto strict
estupor (m.) amazement
excitar to excite, urge
exclamar to exclaim
exigir (j) to demand
existir to exist
éxito (m.) success; tener éxito to
  succeed
expedición (f.) expedition
experimentar to experience
exploración (f.) exploration
explorador (m.) explorer
explorar to explore
expresivo expressive
extender(se) (ie) to extend, spread
  out
extenso extensive
extraño strange
extraño (m.) stranger
extranjero (m.) foreigner
extremo (m.) extreme

F

falda (f.) skirt
falta (f.) lack, fault
faltar to lack
familiar (m.) one belonging to a
  family
fantasmagórico like a dream of
  apparitions or phantoms
fatiga (f.) fatigue, weariness
fatigar (gu) to tire, fatigue
favorecer (zc) to favor, protect
fe (f.) faith
felicidad (f.) happiness
felizmente happily, successfully
feo ugly
feroz fierce
festejar to entertain
fiado trusting; al fiado upon trust
fiar to trust
fiel faithful
fiera (f.) wild beast
figurar to figure
fijar(se) to fix, look, notice
fin (m.) end; al fin, por fin finally;
  al fin y al cabo at last, after all

final (*m.*) end
fingir (**j**) to feign, pretend
firmar to sign
Flandes Flanders
flaquear to grow weak
flauta (*f.*) flute
flecha (*f.*) arrow
flechar to shoot an arrow, to wound with bow and arrow
florero (*m.*) vase
flota (*f.*) fleet (of ships)
flotar to float
fondo (*m.*) bottom; **a fondo** completely
fortaleza (*f.*) fortress
fortificación (*f.*) fortification
fragata (*f.*) frigate
frágil fragile
fraile (*m.*) friar, brother, title used before names of certain clergy, especially those belonging to a religious order
fray (*m.*) friar, brother, contraction of *fraile*
frente in front, opposite; **enfrente de** in front of, opposite
frondoso leafy
fuego (*m.*) fire
fuerza (*f.*) force
fumar to smoke
funcionario official in the government
fundar to found
furioso furious
fusilar to shoot

G

galán gallant, elegant
galán (*m.*) gallant (man)
galeón (*m.*) galleon, armed ship
gallina (*f.*) hen
gana (*f.*) desire; **de mala gana** unwillingly; **tener ganas de** to feel like, have a desire to
ganar(se) to earn
gasto (*m.*) expense
gemido (*m.*) groan

gemir (**i**) to groan
generala (*f.*) alarm which calls troops to arms
género (*m.*) genre
generoso generous
gentío (*m.*) multitude
gloria (*f.*) glory; **estar en la gloria** to be very happy
gobernador (*m.*) governor
gobernar (**ie**) to govern
golpe (*m.*) blow
golpear to bruise, hit
gorra (*f.*) cap
gota (*f.*) drop
gozar(se) (**c**)(**de**) to enjoy
gozo (*m.*) joy, pleasure
gozoso joyful
gracioso graceful, gracious, amusing
granizar (**c**) to hail
gratis free, no charge
gratitud (*f.*) gratitude
grato pleasing, agreeable
grave grave, serious; low, deep (voice)
griego Greek
gritar to shout
grito (*m.*) shout; **dar un grito** to shout
grueso big, thick
guapo good-looking, handsome
guaraní pertaining to the Guarani Indians who lived in Bolivia, Paraguay, and Argentina. These native Indians have practically disappeared from all countries except in the jungles of Paraguay where they still number about 30,000
guaraní (*m.*) member of the tribe of Guaranis
guaraníes (*m. pl.*) Guaranis
guardar to guard, keep
guarnición (*f.*) garrison
guerra (*f.*) war; **hacer guerra** to wage war
guerrero (*m.*) warrior
guerrero warlike
guía (*m. & f.*) guide
guiar to guide
gusto (*m.*) pleasure

H

hábil clever, expert
habitación (*f.*) dwelling, room
habitar to dwell, live in
habla (*f.*) language, speech; **de habla española** Spanish-speaking
hacer to do, make;
  hace (expression of time) ago;
  hacer amistades to make friends;
  hacer caso to pay attention;
  hacerse to become; **hacer guerra** to wage war
hacia toward
hallar to find
hambriento hungry, starved
hazaña (*f.*) heroic deed, exploit, feat
hecho (*m.*) deed
hecho done, made
heredar to inherit
heredero (*m.*) heir
herencia (*f.*) inheritance
herida (*f.*) wound
herir (ie) (i) to wound
hermosura (*f.*) beauty
hidalgo noble, chivalrous
hidalgo (*m.*) nobleman
hierba (*f.*) grass; **mala hierba** weed
hilera (*f.*) row
historiador (*m.*) historian
hogar (*m.*) hearth, home
hoja (*f.*) leaf
hondo deep
hombro (*m.*) shoulder
horrorizar to terrify, cause horror
hoy today; **hoy día** nowadays
huella (*f.*) trace
huérfano (*m.*) orphan; **asilo para (de) huérfanos** orphanage
huésped (*m.*) guest
huesudo bony
humilde humble

I

ida (*f.*) departure; **ida y vuelta** round trip

igual equal, similar
ilustre illustrious
imagen (*f.*) image
imitar to imitate
impaciencia (*f.*) impatience
impacientarse to become impatient
impecable impeccable, flawless
imperio (*m.*) empire
importar to be important
inca (*m.*) Inca, title of sovereigns of Peru from 12th to 16th century. Today people of the empire are called Incas.
incaico referring to the Incas
incapaz incapable
incendio (*m.*) fire
incienso (*m.*) incense
inclinar(se) to incline, bow
incluir (y) to include
incrédulo incredulous
increíble incredible
indicar (qu) to indicate
indio Indian
indio (*m.*) Indian
inesperado unexpected
infeliz unhappy
influencia (*f.*) influence
informe (*m.*) information, report
ingrato ungrateful
injusticia (*f.*) injustice
inmóvil immovable
inocente innocent, "fool"
inolvidable unforgettable
instante (*m.*) instant; **al instante** instantly
institución (*f.*) institution
insulto (*m.*) insult
intensidad (*f.*) intensity
intento (*m.*) intent
interesar(se) to interest, be interested in
internar to penetrate
interrumpir to interrupt
introducir to introduce, put into, insert
inútil useless
invitado (*m.*) guest
invitar to invite
invocar (qu) to implore
isla (*f.*) island

isleta (*f.*) small island
istmo (*m.*) isthmus

J

jamás ever, never
jardín (*m.*) garden; **jardín zoológico** zoo
jarro (*m.*) jug, pitcher
jefe (*m.*) chief
jornada (*f.*) occasion, day's journey, work day
joven young
joven (*m. & f.*) young man, young woman
joya (*f.*) jewel
júbilo (*m.*) rejoicing
junto near; **junto a** next to; **juntos** together
juramento (*m.*) oath
jurar to promise upon oath
justicia (*f.*) justice
juventud (*f.*) youth

L

labio (*m.*) lip
lado (*m.*) side
ladrón (*m.*) robber, thief
lago (*m.*) lake
lágrima (*f.*) tear
lamentar to lament
lámina (*f.*) sheet of metal
lanzar(se) (c) to hurl; **lanzar un grito** to shout
largo long; **a lo largo de** along the length of
lastimoso sad
leal loyal
lealtad (*f.*) loyalty
lector (*m.*) reader
lectura (*f.*) reading
legendario legendary
legítimo legitimate, legal
lejano distant
lejos far, far away

lengua (*f.*) language, tongue; **andar en lenguas** to be much talked of
lento slow
león (*m.*) lion
leopardo (*m.*) leopard
letra (*f.*) letter, manner of writing; **a pie de la letra** exactly
levantar(se) to raise, get up
levar anclas to weigh anchors
leve light, slight
ley (*f.*) law
leyenda (*f.*) legend
libertad (*f.*) liberty
libertador (*m.*) liberator
libertar to free
libra (*f.*) gold coin used in Peru
librar to free
lienzo (*m.*) linen
ligero swift
limeño (*m.*) native of the city of Lima
limpiar to clean
límpido crystal clear
limpio clean; **sacar en limpio** to clear up all doubts
lindo pretty
línea (*f.*) line, figure
liso smooth
lisonjero (*m.*) flatterer
listo ready
llama (*f.*) flame
llamada (*f.*) call
llave (*f.*) key
llegada (*f.*) arrival
llegado arrived; **recién llegado** newcomer
llegar (gu) to arrive, reach; **llegar a ser** to become
llenar to fill
lleno full, filled
llevar to take, carry, wear; to bear; **llevar muletas** to use crutches; **llevar a cabo** to carry out, achieve
llorar to weep, cry (over)
llover (ue) to rain; **llover a cántaros** to rain bucketsful
locura (*f.*) madness
losa (*f.*) flagstone

lucir (zc) to display, shine
lucha (f.) fight, struggle
luchar to fight
luego then, later, in a short time
lugar (m.) place
lugareño (m.) inhabitant of a village
Luis (m.) Louis, Lewis
lujo (m.) luxury
luminoso luminous, bright
luna (f.) moon
lunar (m.) mole
luz (f.) light

M

macana (f.) wooden weapon in use among ancient Indians of Mexico and Peru, generally edged with a sharp flint
maceta (f.) flowerpot
machincuepa (f.) somersault
madera (f.) wood
madrugada (f.) dawn
maestría (f.) mastery
magia (f.) magic
magnífico magnificent
maitines (m. pl.) matins, prayers sung at midnight or dawn
majestuoso majestic
mal (m.) evil
malgastar to misspend, waste
malo bad; de mala gana unwillingly
mancebo (m.) youth
mancha (f.) spot, blemish
manchar to stain, spot
mandar to send, command, order
mandato (m.) mandate, order
mando (m.) command
manejar to handle
manejo (m.) handling, management
manera (f.) manner, way
manga (f.) sleeve
manojo (m.) bundle, bunch

manso meek, tame
mantel (m.) tablecloth, altarcloth
manto (m.) cloak, mantle
mar (m. & f.) sea; alta mar high sea
maravilloso marvelous
marca (f.) mark
marcha (f.) march, journey; ponerse en marcha to begin, to move
marchar to walk, go; marcharse to go away, leave for
marcial martial, military
marear(se) to be seasick
margariteño (n.) native of the island of Margarita
marido (m.) husband
marimba (f.) kind of xylophone
más more
mástil (m.) mast
matador (m.) killer, slayer
matar to kill
mate (m.) tea made from leaves of a shrub called yerba mate
matrimonio (m.) marriage, married couple
maya Maya, Indian people of Guatemala, El Salvador, Honduras and southern Mexico
mecer (zc) to stir, to rock
medalla (f.) medallion, medal
medianoche (f.) midnight
mediante by means of, mediating
medicina (f.) medicine
médico medical, medicinal
médico (m.) physician
medio half, middle; medio dormido half asleep
medir (i) to measure
mejorar(se) to improve, get better
melodioso melodious
mencionar to mention
mensaje (m.) message
mensajero (m.) messenger
mente (f.) mind
menudo small, little; a menudo often
merecer (zc) to deserve, merit
meter(se) to put (in), place
método (m.) method

metro (*m.*) meter (39.37
inches)
miedo (*m.*) fear; **tener miedo** to be
afraid
miembro (*m.*) member
mientras while; **mientras
tanto** meanwhile
milagro (*m.*) miracle
milagroso miraculous
militar military
militar (*m.*) soldier
millar (*m.*) thousand
mimar to indulge, spoil
minuto (*m.*) minute; **a los pocos
minutos** in a few minutes
mirlo blackbird
misa (*f.*) mass
misionero (*m.*) missionary
mismo same, very, self; **ahora
mismo** right now
misterio (*m.*) mystery
misterioso mysterious
mitad (*f.*) half, middle
modo (*m.*) manner, way; **de otro
modo** otherwise
mojar(se) to wet, get wet
molestar(se) to bother
molestia (*f.*) bother, annoyance
moneda (*f.*) coin
monja (*f.*) nun
monje (*m.*) monk
montar to mount
montón (*m.*) heap, pile
morir (ue) (u) to die
mostrar (ue) to display, show;
mostrarse to appear
mover(se) (ue) to move
mudo mute, silent
mueble (*m.*) a piece of furniture;
los muebles furniture
muelle (*m.*) pier
muerte (*f.*) death
muerto (*m.*) corpse
muerto dead
muleta (*f.*) crutch; **llevar
muletas** to use crutches
mundial worldwide
murmurar to murmur
música (*f.*) music
músico (*m.*) musician

N

nacer (zc) to be born, to grow
(speaking of plants)
nacimiento (*m.*) birth
nadar to swim
nana (*f.*) child's nurse
Nápoles Naples, ancient kingdom
in Italy and its capital
nave (*f.*) ship
navegar to navigate, sail
Navidad (*f.*) Christmas Day
navideño belonging to the time of
Christmas
necesitar(se) to need, be necessary
negro black, dismal, gloomy
nervioso nervous
ni neither, nor, not even;
ni . . . ni neither . . . nor; **ni
siquiera** not even
noble noble, illustrious
noble (*m.*) nobleman
nobleza (*f.*) nobility
nocturno nightly, nocturnal
nopal (*m.*) kind of cactus
noroeste northwest
notar to notice, note
notario (*m.*) notary
noticia (*f.*) notice, information,
news (item); **las noticias** news
novia (*f.*) bride, sweetheart
novio (*m.*) bridegroom, sweetheart
nube (*f.*) cloud
Nueva España (*f.*) Mexico
nuevo another, new; **de
nuevo** again
nutritivo nourishing

O

o or; **o . . . o** either . . . or
obedecer (zc) to obey
obispo (*m.*) bishop
objeto (*m.*) object
obligar (gu) to oblige
obra (*f.*) work
obstinado obstinate
obtener (ie) to obtain

ocultar to conceal, hide
oculto concealed, hidden
ocupar(se) to occupy, occupy
  oneself
ocurrir to occur, happen
ochavo (m.) old Spanish coin of
  smallest value
oficio (m.) occupation
ofrecer(se) (zc) to offer, be offered
ofrenda (f.) gift, offering
¡Ojalá! I wish (that), I hope (that)
ola (f.) wave
olvidar to forget; olvidarse de to
  forget
oprimir to overpower, crush
orden (m.) order (arrangement)
orden (f.) order, command,
  military or religious order; a sus
  órdenes at your service
orgullo (m.) pride
orgulloso proud
orilla (f.) shore
orquídea (f.) orchid
oro (m.) gold
oscurecer (zc) to obscure, darken
oscuridad (f.) darkness
oscuro obscure, dark

P

pabellón (m.) pavilion
paciente patient
paciente (m. & f.) patient
pacífico peaceful
padrinos (m. pl.) godparents
pago (m.) payment
país (m.) country
pájaro (m.) bird
palacio (m.) palace
pálido pale
Palma, Ricardo (1833–1919),
  famous Peruvian author and
  historian
palma (f.) leaf of a palm tree
palmera (f.) palm tree
paloma (f.) dove
palpitante palpitating
parada (f.) stop

parar to stop; pararse to stop,
  stand up
parecer(se) (zc) to seem, appear,
  resemble
pareja (f.) pair (of people),
  couple
pariente (m.) relative
parpadear to wink
participar to participate
partida (f.) departure
partir to leave, split, cut in half
pasado (m.) past; pasados unos
  momentos after several moments
  had gone by
pasado past
pasajero (m.) passenger
pasar to pass, happen, go by,
  suffer; pasar la pena negra to
  suffer great misery
pasear(se) to walk, take a walk
paseo (m.) walk, stroll
paso (m.) pace, step, pass
pata (f.) foot, leg, paw of an
  animal
patria (f.) native country
paz (f.) peace
pecho (m.) breast, heart; tomar a
  pecho to take seriously or to
  heart
pedazo (m.) piece; hecho
  pedazos torn to pieces
pedir (i) to ask (for), request
pegar (gu) to beat, strike; pegar
  fuego (a) to set fire to
pelado hairless, without resources;
  estar pelado to be penniless
pelea (f.) fight, combat
pelear to fight
peligro (m.) danger
peligroso dangerous
pelo (m.) hair; no tener ni un
  pelo to be just the opposite; not
  to have a clue
peluca (f.) wig
pena (f.) sorrow, hardship; pena
  negra great misery
pensamiento (m.) thought
pensar (ie) to think, intend,
  consider
perder (ie) to lose

pérdida (*f.*) loss
perdiz (*f.*) partridge
permanecer (**zc**) to remain
perplejo perplexed, bewildered
persistir to persist
personaje (*m.*) character, person
pertenecer (**zc**) to belong
perturbar to disturb
peruano Peruvian
pesadilla (*f.*) nightmare
pesado heavy
pésame (*m.*) expression of
   sympathy
pesar to weigh; **a pesar de** in spite
   of, even though
pesca (*f.*) fishing
pescador fishing
pescador (*m.*) fisherman
pescar (**qu**) to fish
pez (*m.*) fish
pico (*m.*) bill, beak
piedad (*f.*) pity
piedra (*f.*) stone
piel (*f.*) skin
pierna (*f.*) leg
pintoresco picturesque
piñata (*f.*) decorated earthen jar of
   sweetmeats hung from the ceiling
   and broken by a blindfolded
   person, using cane or stick
pirata (*m.*) pirate
piropo (*m.*) compliment
plantar to plant
plata (*f.*) silver
plataforma (*f.*) platform
plátano (*m.*) kind of banana
plato (*m.*) plate
playa (*f.*) beach
pluma (*f.*) feather
plumaje (*m.*) plumage
población (*f.*) population
pobretón (*m.*) very poor person
pobreza (*f.*) poverty
poco little, few; **a los pocos
   minutos** a few minutes later;
   poco a poco little by little
poder (*m.*) power
poder (**ue**) (**u**) to be able, can,
   may
poderoso powerful

poner to put, place; **ponerse** to put
   on; **ponerse a** to begin; **ponerse
   en camino** to start out; **ponerse
   en marcha** to start to move;
   ponerse triste to become
   sad
popa (*f.*) (nautical) poop, stern
por by, for, through, during; **por
   eso** therefore, for that reason; **por
   favor** please; **por supuesto** of
   course
portarse to behave, act
posada (*f.*) lodging, Christmas
   celebration
posar to perch
poseer to possess
postizo artificial, false
practicar (**qu**) to practice
prado (*m.*) meadow
precioso precious, lovely
predecir (**i**) to foretell, predict
predestinación (*f.*) predestination
predicho foretold
preferir (**ie**) (**i**) to prefer
premiar to reward, award (a prize)
premio (*m.*) prize
prenda (*f.*) pledge of friendship,
   garment
preocuparse to be concerned,
   worry
preparativo (*m.*) thing prepared
presencia (*f.*) presence
presenciar to witness, be present
presentimiento (*m.*) presentiment
prestar to lend
pretender to pretend
prevenir (**ie**) (**i**) to prepare, advise,
   caution
previo previous
princesa (*f.*) princess
príncipe (*m.*) prince
prisa (*f.*) haste; **tener prisa** to be
   in a hurry
prisión (*f.*) prison
prisionero (*m.*) prisoner
privar to deprive
proa (*f.*) (nautical) prow of a ship;
   hacer proa to turn the prow
probar (**ue**) to prove, try
profecía (*f.*) prophecy

profundo deep, profound
prohibido prohibited
promesa (f.) promise
prometer to promise
pronto quick, soon; de
  pronto suddenly
propio own, self, suitable
proporcionar to provide with,
  furnish, supply
propósito (m.) purpose; a
  propósito by the way
propuesto proposed
proseguir (i) to continue, pursue
protección (f.) protection
proteger (j) to protect
provecho (m.) benefit, gain, profit
provenir (ie) (i) to proceed from,
  originate
proyectar to project, scheme,
  throw
proyecto (m.) plan, project
prudencia (f.) prudence
prueba (f.) test, proof
pueblo (m.) town, people, nation
puente (m.) bridge, deck of a ship
puertorriqueño Puerto Rican
pues since, then, well
puesta del sol (f.) sunset
puesto (m.) place, position
puesto put; puesto que since,
  seeing that
punta (f.) point
puntería (f.) aim, the act of
  pointing firearms
puntiagudo sharp-pointed
punto (m.) point; a punto de on
  the point of
puro pure, simple

Q

que en paz descanse may he (she)
  rest in peace
quedar(se) to be, be left, remain,
  stay
queja (f.) complaint
quejar(se) to complain
quemar to burn

querido beloved, dear
quetzal (m.) monetary unit of
  Guatemala; tropical bird of
  brilliant plumage, the national
  symbol of Guatemala
quiché referring to the Quiche
  tribe of Guatemala
quiché (m.) name of Indian tribe
  of Guatemala
quitar(se) to take off, move away;
  ¡quítate de ahí! away with you!

R

rabia (f.) rage
Raimundo Raymond
raíz (f.) root
rama (f.) branch of a tree
ramo (m.) bouquet
raro rare
rata (f.) rat
rato (m.) short time, while
ratón (m.) mouse
raya (f.) line, stroke
rayo (m.) beam, ray of light,
  thunderbolt
razón (f.) reason; tener razón to
  be right
real real, royal
real (m.) Spanish coin of little
  value, but worth more than an
  ochavo
realidad (f.) reality; en realidad in
  reality
realizar (c) to carry out, fulfill,
  realize
recién recently, newly; recién
  llegado newcomer
reciente recent
recobrar to recover
recoger (j) to gather, pick up
reconocer (zc) to recognize
recordar (ue) to remember;
  recordarse to recall
recuerdo (m.) memory,
  remembrance; recuerdos regards
rechazar (c) to drive back, reject,
  repel

red *(f.)* net
reemplazar (c) to replace
reflejar to reflect
refresco *(m.)* refreshment
refugiarse to take refuge
regalar to give (as a gift)
regalo *(m.)* gift
regresar to return
rehusar to refuse
reino *(m.)* reign, realm, kingdom
reír(se) (i) to laugh (at); **reírse
de** to make fun of
relámpago *(m.)* flash of lightning
relato *(m.)* account, report
remedio *(m.)* remedy, choice
remoto remote
renunciar to give up
repartir to divide
repente: de repente suddenly
repique *(m.)* chime
replicar (qu) to reply
representar to represent
rescatar to rescue
resistir to resist
resolver (ue) to resolve; **resolverse
a** to resolve to
respuesta *(f.)* answer, reply
resuelto resolved, determined
resultar to result, to turn out to be
reunir to gather, join; **reunirse
(con)** to meet with
revolver (ue) to turn;
revolverse to turn and twist
revuelta *(f.)* second turn
rey *(m.)* king
rezar (c) to pray
rezo *(m.)* prayer
rincón *(m.)* corner
riqueza *(f.)* riches, wealth
risa *(f.)* laughter
rítmico rhythmical
robar to rob
roca *(f.)* rock
rodear (de) to encircle, surround
rodilla *(f.)* knee; **de rodillas** on
one's knees; **ponerse de
rodillas** to kneel down
rogar (ue) (gu) to beg, implore,
request
romántico romantic

romper(se) to break
ronco hoarse
rostro *(m.)* face
roto torn
rótulo *(m.)* sign
ruego *(m.)* prayer, entreaty
rugido *(m.)* roar
rugir to roar
ruido *(m.)* noise
ruidoso noisy
ruiseñor *(m.)* nightingale
rumbo *(m.)* direction; **rumbo a** on
the way to
rumor *(m.)* sound

S

sabio wise
sabio *(m.)* sage, wise person
sacar (qu) to draw out, get, take
out; **sacar en limpio** to clear up
all doubts
sacerdote *(m.)* priest
sacrificar (qu) to sacrifice
sacrificio *(m.)* sacrifice
sagrado sacred
sala *(f.)* living room; **sala de
espera** waiting room
salado salty
salida *(f.)* departure
salir to leave, go out; **salir mal** to
come out badly
salmodia *(f.)* psalmody, use of
psalms in divine worship
saltar to jump, leap
salto *(m.)* jump, leap
saludo *(m.)* salute, greeting
salvaje savage
salvar to save
salvo saved
sanar to heal
sangre *(f.)* blood
sangriento bloody
sano safe, healthy; **sano y
salvo** safe and sound
santiamén *(m.)* moment
santiguarse to make the sign of the
cross over one's self

sapo (*m.*) toad
saquear to plunder
sargento (*m.*) sergeant
satisfecho satisfied
seco dry
seda (*f.*) silk
seguida (*f.*) succession; **en
seguida** immediately, at once
seguir (i) to continue, follow
según according to, as
seguridad (*f.*) security, safety
seguro safe
selva (*f.*) jungle
sembrar to spread, sow
sencillo simple
sentimiento (*m.*) feeling
sentir(se) (ie) (i) to be sorry,
regret, to feel (good, bad, etc.)
seña (*f.*) sign, gesture
señal (*f.*) signal
señalar to point out, indicate
Señor (*m.*) Lord
serenata (*f.*) serenade
serio serious
serpiente (*f.*) serpent
servir (i) to serve
siempre always; **siempre
que** whenever
siglo (*m.*) century
significado (*m.*) meaning
significar (qu) to mean, signify
siguiente following; **al día
siguiente** on the following day
silbar to whistle
silbido (*m.*) whistle
silencio (*m.*) silence
silencioso silent
símbolo (*m.*) symbol
simpático nice, charming
sin without; **sin
embargo** nevertheless
sinnúmero (*m.*) numberless
quantity
sinsonte (*m.*) mockingbird
sirena (*f.*) mermaid
sitio (*m.*) place
situar to situate, locate
soberano (*m.*) sovereign
sobre (*m.*) envelope
sobrenatural supernatural

sobrina (*f.*) niece
sobrino (*m.*) nephew
sociedad (*f.*) society
sol (*m.*) sun
soldado (*m.*) soldier
soledad (*f.*) solitude, loneliness
solemne solemn
solemnidad (*f.*) solemnity
solitario solitary
solo alone, single
sólo (*solamente*) only
soltar (ue) to loosen, unfasten
solterón (*m.*) old bachelor
sollozar (c) to sob
sombra (*f.*) shade, shadow
sonido (*m.*) sound
sonoro tuneful, sonorous, melodic
sonreír(se) (i) to smile
sonrisa (*f.*) smile
soñar (ue) to dream; **soñar con** to
dream of
soplador (*m.*) blower
soplar to blow
sorprender to surprise
sorpresa (*f.*) surprise
sortija (*f.*) ring
sospechar to suspect
sostener (ie) to support
subir to go up, climb
suceder to succeed, happen
suceso (*m.*) event
sucio dirty
suegro (*m.*) father-in-law
sueldo (*m.*) salary
suelo (*m.*) floor, ground
sueño (*m.*) sleep, dream
suerte (*f.*) luck, fate
sufrimiento (*m.*) suffering
sufrir to suffer
sumergir to submerge, go under
sumo highest
superar to surpass, excel
superficie (*f.*) surface
suponer to suppose
supremo supreme
suprimir to suppress, abolish
supuesto supposed; **por
supuesto** of course
surgir (j) to appear, rise
sustento (*m.*) living, food

T

tal such; **tal vez** perhaps
talega *(f.)* bag, sack
talento *(m.)* talent
tambor *(m.)* drum
tan so, as; **tan . . . como**
  as . . . as
tanto so (as) much; **mientras**
  tanto meanwhile; **tantos** so (as)
  many
tardar to delay, be late; **tardar**
  en to be slow in
té *(m.)* tea
tejido *(m.)* a thing woven
temblar (ie) to tremble
tembloroso flickering, tremulous
temer to fear
temeroso fearful
temible frightful
temor *(m.)* dread, fear
tempestad *(f.)* storm
temporada *(f.)* season
teniente *(m.)* lieutenant
terso smooth
tesoro *(m.)* treasure
testamento *(m.)* last will
tez *(f.)* complexion, skin
tiburón *(m.)* shark
tierra *(f.)* earth, ground, land
tirano *(m.)* tyrant
tirar to throw, fire, shoot
tocante (a) concerning
tocar (qu) to ring, sound, touch,
  play (an instrument)
todavía still, yet
tono *(m.)* tone
tontería *(f.)* foolishness, nonsense
tonto foolish
tonto *(f.)* fool
toque *(m.)* military call, beat (of
  drums)
tormenta *(f.)* storm, tempest
tormento *(m.)* torment
torno: en torno suyo round about
  (him)
torpe stupid
torrente *(m.)* torrent
tostar (ue) to roast, toast
traer to bring, carry

tragedia *(f.)* tragedy
trágico tragic
traición *(f.)* treachery
traje *(m.)* clothes, dress, suit;
  costume
tranquilo tranquil
tras (de) behind, after
traslado *(m.)* transfer
tratar to treat, deal with; **tratar**
  de to try to
través: a través de across, through
travieso mischievous
tremendo tremendous
trémulo shaking, tremulous
tribu *(f.)* tribe
tripular (nautical) to man ships,
  equip
tristeza *(f.)* sadness
triunfal triumphal
triunfar to triumph
trono *(m.)* throne
trueno *(m.)* thunder
turbar to disturb, upset
tutor *(m.)* guardian of the person
  and estate of a minor

U

u or
último last
único only
unirse to join
usar to use, wear

V

vacilación *(f.)* hesitation
vacío empty
vago vague
valer to be worth
valioso very valuable
valor *(m.)* value, courage
valuar to value
valle *(m.)* valley
vano vain
varios various, several

vasija (*f.*) vessel
vecindad (*f.*) vicinity
vecino neighboring
vecino (*m.*) neighbor
vega (*f.*) open plain
vela (*f.*) candle, sail (of a ship);
  hacerse (darse) a la vela to set
  sail
vencedor (*m.*) victor
vencer (z) to conquer
veneno (*m.*) poison
venerar to honor, venerate
venidero coming
ventanilla (*f.*) small window
veras: de veras truly
verdad (*f.*) truth; **de verdad**
  really
verdadero real, true
vestido (*m.*) dress, suit, outfit;
  vestido de dressed as
vestir(se) (i) to dress (oneself), to
  wear
vez (*f.*) time; **de vez en
  cuando** from time to time; **otra
  vez** again
viajar to travel
viaje (*m.*) trip, journey, voyage;
  viaje de ida y vuelta round-trip
  journey
viajero (*m.*) traveler
víctima (*f.*) victim
vida (*f.*) life
vidrio (*m.*) glass
vigilar to watch
Virgen (*f.*) Virgin (Mary)
Virgen del Carmen (*f.*)
  Throughout the centuries, Puerto
  Rican fishermen have worn a
  medallion of this Virgin, trusting
  in her protection.

virreinato (*m.*) viceroyalty
virrey (*m.*) viceroy
visera (*f.*) visor
visitante (*m. & f.*) visitor
vista (*f.*) sight, view
visto seen; **por lo visto** apparently
vistoso brilliant, showy
viuda (*f.*) widow
vivaracho lively
vivo alive, lively, quick
volar (ue) to fly
voluntad (*f.*) will, desire
voluntariamente voluntarily
volver (ue) to return, turn; **volver
  a + *infinitive*** to . . . again;
  volverse to become, turn around
voto (*m.*) vow
voz (*f.*) voice
vuelo (*m.*) flight
vuelta (*f.*) turn, return; **ida y
  vuelta** round trip
vuelto returned, turned

Y

ya already, now, yet
yerba: yerba mate, or **mate**
  (*f.*) leaves of a tree of that name
  in South America from which
  mate, a tea, is made

Z

zapoteca referring to the Zapotecs
zapotecas (*m. & f. pl.*) Zapotecs,
  Indians of Oaxaca, Mexico